돌에도
꽃이 핀다

강현녀 지음

돌에도
꽃이 핀다

초판 1쇄 발행 2016년 7월 17일

지 은 이   강현녀
발 행 인   권선복
편   집   김정웅
교   정   김소영
디 자 인   이세영
마 케 팅   권보송
전 자 책   천훈민
발 행 처   도서출판 행복에너지
출판등록   제315-2011-000035호
주   소   (157-010) 서울특별시 강서구 화곡로 232
전   화   0505-613-6133
팩   스   0303-0799-1560
홈페이지   www.happybook.or.kr
이 메 일   ksbdata@daum.net

값 15,000원

ISBN 979-11-5602-391-3   03320

Copyright ⓒ 강현녀, 2016

도서출판 행복에너지는 독자 여러분의 아이디어와 원고 투고를 기다립니다. 책으로 만들기를 원하는
콘텐츠가 있으신 분은 이메일이나 홈페이지를 통해 간단한 기획서와 기획의도, 연락처 등을 보내주십시오.
행복에너지의 문은 언제나 활짝 열려 있습니다.

돌에도
꽃이 핀다

강현녀 지음

도서
출판 행복에너지

목차

1장 도전하는 삶

2장 사업에 대한 철학

3장 성공의 법칙

4장 천일석재와 함께한 사람들

5장 나의 인생 나의 가족

천(天)하에서 제일(一)가는
석재(石材) 회사를 갖고 싶은 여자

20대 중반의 젊은 새색시가 석재산업에 뛰어들어 허둥대던 일이 주마등처럼 스쳐간다. 젊은 여성이 분진과 소음, 무거운 장비와 굵직한 팔뚝의 인부를 연상케 하는 석재업계에 발을 내딛게 된 것은 지금으로부터 30년이 훌쩍 넘은 1978년이다. 젊은 새색시가 군복이 잘 어울리는 멋진 장교생활을 하고 있던 남편에게 시집을 와서 거칠고 힘든 석재산업에 뛰어들 생각을 꿈에선들 해 보았을까? 저자는 그렇게 의도치 않게, 그렇지만 주어진 운명처럼 이 일을 시작하게 되었다.

당시 남성 전유물이던 석재산업에 대한 젊은 여성의 도전은 의아함과 우려 속에서 시작되었다. 사실 여성의 사회진출이 활발하지 않던 당시에 그것도 젊은 여성이 경리 업무가 아닌 경영을 한다는 것은 쉽게 이해될 수 있는 시절이 아니었다. 하지만 상식은 편견이 깨지는 데서 비로소 시작된다는 것 역시 상식이 아니던가. 그 시작을 누가 하는지가 문제일 뿐일 것이다.

하지만 편견을 깨고 성공이란 열매를 따기 위해서는 많은 대가를 치러야만 했다. 먼저 석재산업이라는 특수한 환경의 어려움을 이겨내기 위해서 필요한 대가가 그 첫 번째이다. 석재산업은 남성성이 매우 강한 산업이다. 거친 남성들을 다루고 협력을 이끌어 일을 해 나가기 위해서는 그들만의 문화를 이해하고 그들과 소통하는 방식을 익혀야 했다. 그것은 마치 어린 시절 고무줄놀이에 끼어야만 하는 남자아이가 따가운 주변 시선을 의식하며 여성문화에 익숙해지는 것처럼 쉽지 않은 일일 것이다.

또한 모든 사업이 그렇듯 고객을 대하는 일은 가장 어려운 것이었다. '갑질 고객 대응 매뉴얼'이 등장했다는 언론의 보도를 접하지 않아도 사업을 운영해본 사람이라면 누구나 알 수 있을 것이다. 특히 조상을 모시는 일과 연관된 납골묘의 경우 고객의 입장에서 알기 어려운 전문적인 석재산업제품의 설치와 시공 과정을 그들에게 이해시키고 요구를 만족시키는 일은 결코 쉽지 않은 일이었다. 더구나 돌의 차이를 느끼지 못하는 소비자에게 다른 업체와 큰 가격 차이의 원인을 이해시키는 데는 많은 노력이 필요했다.

마지막으로 환경 변화를 읽고 이에 적응하기 위해서 치열한 고민과 때로는 무모하리만큼 무리한 결정도 필요했다. 그 환경 변화는 중국의 등장과 석재산업에 필요한 젊은 인력의 감소 현상이다. 처음 시작된 일본과의 무역거래는 중국의 값싼 제품에 의해 더 이상 유지되기 어려웠다. 그 대응은 국내의 납골묘 시장으로의 전환이었다. 그러나 중국의 값싼 품질은 한국 시장도 예외가 될 수 없었다. 결국 오래가지 않아 납골묘 시장은 중국산 제품으로 대체되어 변화가 필요했고 그 결과가 음수대 시장으로의 활로 모색이었다. 이 과정에서 새로운 시장에 적응하기 위한 과감한 결단력이 필요했고 젊은 노동력이 감소하는 현상을 해결하기 위한 새로운 기술 도입을 위해 치열한 고민이 필요했다. 또한 현장에서 예기치 못한 상황이 벌어지면 무모한 결정도 하게 되었다.

　하지만 이러한 대가와 그 과정 속에서의 노력들은 비록 대단한 것은 아닐지라도 저자에게 큰 성취감을 주는 성공을 맛보게 했다. 먼저 86년에 천일석재를 정식 설립하고 무역업에 등록해 여성의 섬세함과 정확성을 납골묘와 묘비석 및 석재 조형물에 반영하기 위해 노력하였고 일본에 수출하기 시작했다. 그 결과 제29회 무역의 날에 '1백만 불 수출탑'과 '대통령 표창'을 수상했다. 또한 국내 시장으로 전환한 이후 '정직과 신용'을 바탕으로 최고의 제품을 만들기 위해 노력했으며 고객이 있는 곳이면 멀리 거제도까지 달려

가서 설명했다. 이렇듯 열정적으로 일에 매진한 결과 고객들로부터 천일석재의 우수한 제품과 사후 관리의 안정성을 인정받고 있다고 자평한다. 그러한 이유로 경북 영천 공원묘지 '호국원' 묘비와 상석을 100% 공급할 수 있었다.

   또한 석재산업에서 여성의 경영에 대한 편견과 의구심을 바꾸기 위해 노력한 결과, 많은 것을 이루었다. 2006년에는 돌 깎는 작업에 뛰어들어 여성으로는 국내 최초로 국가기술자격증인 '석공기능사' 자격증을 취득했다. 중장비기능사 자격증도 있어서 급하게 기사가 필요할 경우가 생기면 내가 직접 현장에 들어간다. 그리고 상담에서부터 설계 도면을 살피는 일, 원석 공급 및 직원 관리와 제품에 대한 사후 서비스까지 직접 처리한다. 또한 적극적으로 대외 활동을 펼쳐서 연구와 개발로 실용신안(2건), 특허등록(6건), 디자인등록(20건) 등의 성과를 일궈냈다. 2010년에는 전라북도 유망중소기업에 선정됐으며 지식경제부장관상도 수상했다. 더불어 아직은 평가하기는 이른 젊은 인력감소를 위한 새로운 대체기술을 개발하고 생산현장에 적용하는 과정에 있다.

   이 글을 통해 독자에게 드리고자 하는 것은 저자의 경험을 통해 미천하게나마 사업을 유지하고 발전해온 원동력이라 생각되는 요인들이다. 사실 색다를 것 없는, 누구나 알고 있는 것들임에도 불구하고 독자들에게 보이는 이유는 알고 있는 것과 실천하는 것은 별개라는 사실을 다시 한 번 되짚어 볼 수 있는 계기가 되었으면 하는 마음에서이다. 또한 이를 알면서도 스스로 의심하고 선뜻 실천하지 못하고 있는 독자들에게 미천한 경험을 통해 적게나마 동기부여가 될 수 있기를 희망하기 때문이다. 하지만 무엇보다도 저자를 알고 있을 독자들에게 저자의 살아온 여정과 사업에 관한 원칙들 그리고 삶의 가치관을 알려주고자 하는 것이 더 큰 이유일지도 모르겠다.

따라서 이 책은 대략 다음과 같은 내용을 담고 있다.

첫째, 석재산업을 시작하게 된 이유와 함께 도전의 과정을 담고 있다. 이 과정에서 생소한 석재산업 분야의 전문성을 갖추기 위해 노력한 저자의 흔적들이 담겨 있다.

둘째, 사업의 성공을 위한 나름의 철학과 함께 경험에서 배우게 된 여러 가지 교훈들을 담고 있다. 저자가 겪고 느낀 여러 교훈이 앞으로 사업을 꿈꾸는 사람들에게 도움이 된다면 저자로서 그보다 더 큰 기쁨이 없을 것이다.

셋째, 사업을 하면서 사람관계에서 느낀 점과 사람의 마음을 사기위한 생각을 담고 있다. 저자는 경영자가 사람을 대할 때 이익 여부만으로 사람을 판단하면 사람의 마음을 살 수 없다고 보고 사랑으로 사람을 대할 것을 제시한다. 물론 이성이 아닌 사람을 존중하는 의미로서의 사랑 말이다.

넷째, 저자가 살아온 배경과 지극히 개인적인 사건들을 담고 있다. 이는 사업을 함에 있어서 필요한 내용은 아닐지라도 저자가 가지고 있는 품성이나 성격들은 이로부터 비롯된 것일지니 어쩌면 사업에 간접적으로나마 영향을 미쳤을 것이기에 구성해 보았다.

사실 이 책에 있어 말하고자 하는 저자 나름의 경영자가 가져야 할 가치관 내지 철학은 크게 세 가지이다.

하나는 천일석재가 추구하는 가치로서 '정직과 신용'이다. 앞으로는 정직을 말하면서도 뒤로는 자신의 이익만을 생각하는 말로서의 정직이 아니다. 상대방이 신뢰할 수 있도록 인내와 끊임없는 소통이 바탕이 되는 그런 정직이다. 그리고 이러한 정직은 단기간이 아닌 장기적인 노력을 통해 신용으로 형성될 것이며 한 번의 불신은 회복되기 어려운 결과를 가져올 수도 있다는 것을 알아야 할 것이다. 하지만 그 신뢰와 신용이 사업 성공의 바탕이 됨은 두말할 필요가 없을 것이다.

다른 하나는 '정확하고 과감한 결단력'이다. 이는 환경이 변화하는데 능동적으로 대처하기 위해 경영자에게 가장 필요한 능력일 것이다. 사업을 하는데 순탄한 길만 걸어온 경영자는 없을 것이다. 저자 또한 IMF 이후 사업을 포기해야 하는 위기에 처해본 바 있다. 하지만 위기를 기회로 만들 수 있는지는 경영자의 판단과 결단력에서 비롯된다. 혹자는 운이 없어 사업이 안 된다고 하나 운만 좋은들 그 사업이 평생을 갈 수 있겠는가? 결국 운이 필요할지도 모르나 결단력이 더욱 중요할 것이다. 이러한 결단력은 끊임없이 앞날을 고민한 사람들에게서 나온다고 생각한다. 결국 경영자에게는 현실에 안주하지 않는 사람이 되기 위해 노력하는 자질이 요구될 것이다.

마지막으로 무슨 일이든지 성공하고 싶다면 가져야 할 것이 있다. 사업이든 공부든 직장일이든지 말이다. 그것은 바로 열정이다. 누구나 알고 있고 누구나 말한다. "열정이 없으면 성공할 수 없다."라고. 비록 자랑할 거리는 못 되지만 나는 남들보다 열정적으로 살아간다고 생각한다. 아들은 나를 두고 이렇게 말한 적이 있다. "내가 엄마만큼의 열정을 지녔다면 난 이미 고시 공부를 끝냈을 거다."라고. 또 다른 아들 역시 "사실 엄마의 열정이 가끔은 우리를 피곤하게 해요. 이쯤 했으면 나름 잘한 것 같은데 깡[강] 여사가(내 아들은 이렇게 가끔 날 부른다) 보시기엔 부족하다고만 하시니." 물론 열정은 타고나는 면도 있지만 마음먹기에 따라 달라질 수도 있다고 본다. 사람이 무언가 목표가 생기면 그것을 이루기 위해 미친 듯 변화된 모습을 보이기도 하지 않던가. 물론 마음만 열정적으로 살아야 한단 생각은 열정을 이끌어 낼 수 없다. 저자는 사업을 발전시키기 위해 큰 목표를 설정해 왔고 그 목표를 이루기 위한 방법들을 늘 고민했다. 그리고 확신이 선 방법들에 대해선 목표를 달성할 때까지 행동으로 옮기려고 노력해 왔다. 이러한 삶의 습관들이 나의 열정을 유지해온 이유이고 대단한 성공은 아니지만 사업을 이끌어온 원동력이라 생각한다.

그럼 이제 돌에 꽃이 필 수 있는지 확인해 볼 시간이다. 돌에 꽃이 피어 독자들의 얼굴에도 꽃이 필 수 있기를 간구하며…….

모든 이들에게
위로가 될 수 있기를

이영도
어깨동무 회장
고려대학교 명강사
최고위과정 4기 동기회장

이 책에는 강현녀님의 인생철학이 배어 있다.

여성의 역할이, 아내, 어머니 역할로 벅차다. 더욱이 경영의 땅은 여성으로서 더욱 척박하다. 그녀는 말했다. 돌 위에 꽃을 피우는 정성이었다고…….

상상해본다. 얼마나 시련을 겪고 단련되면 돌에 심은 꽃의 씨앗이 될까? 그는 본문에서 위기만 보지 않고 숨어 있는 기회를 찾았다. 경청하고 신용을 쌓고 인연을 신중히 했으며 가슴으로 눈빛으로 사람을 대했다고 한다.

필자가 강현녀를 숨어보기를 이름처럼 강한듯하지만 그의 속살은 부드럽고 영감 가득한 정서로 가득 차 있다.

모든 이에게 강현녀의 삶이 위로와 격려와 작은 등불이 되어 달라 당부한다. 아마도 그녀는 그의 의지를 전하는 명강사의 길을 갈 것이다.

끝없이 도전하는 삶에 보람의 빛이 전해지기를 바란다.

유길문
리더스클럽 회장

추천사

계속 두드리면
기회의 문이 열린다

"사람이 온다는 건 실은 어마어마한 일이다. 그는 그의 과거와 현재와 그리고 그의 미래와 함께 오기 때문이다. 한 사람의 일생이 오기 때문이다."

정현종 시인의 「방문객」이라는 시의 일부이다. 강현녀 대표님과의 인연은 이렇게 시작이 되었다. 전주에서 음식점을 아주 멋지게 운영하시는 대표님의 소개로 만난 강현녀 대표님과의 인연은 이렇게 출발을 했다.

평소에 메모를 많이 하고 자녀분들에게 편지를 쓰기도 하고 가끔 일기를 쓰기도 했다는 대표님이 처음 만나서 한 말이 기억이 난다.

"나도 책을 쓸수가 있을까요?"

그리고 하루 만에 결단을 내리셨다.

"책 쓰기에 한번 도전 해보시겠다"고….

책 쓰기 코칭을 하는 동안 내내 행복했다. 왜냐하면 선택, 집중, 몰입하셨기 때문이다. 아주 열심히 숙제를 해주셨다. 글을 많이 써보지 않았기 때문에 처음에는 힘들어하셨지만 점차 재미를 붙이시고 책 쓰기 코칭 그룹의 분위기를 이끌어 주셨다.

강현녀 대표님의 『돌에도 꽃이 핀다』이 책은 이렇게 하루하루 정성을 들여서 만들어낸 강현녀 대표님의 최고의 걸작품이다.

『돌에도 꽃이 핀다』책을 읽으신 분들에게는 이런 혜택이 주어지리라.

첫째, 과감한 결단력이 얼마나 중요한지를 깨닫는 시간이 될 것이다.

사업을 하면서 겪었던 끊임없는 선택의 연속에서 결단을 내리는 일이야말로 리더의 가장 큰 자질이라는 것을 몸소 체험할 수 있을 것이다.

둘째, 질문의 힘을 다시 한번 인식하는 아주 값진 시간이 될 것이다.

사업을 하면서 고객과 제대로 소통을 하여 신뢰가 쌓이려면 짐작이나 추측이 아니라 충분히 질문을 통하여 고객이 원하는 것이 무엇인지 알아내는 것이 중요하다는 것을 알 수 있을 것이다.

셋째, 행동의 파워를 실감하는 멋진 시간이 될 것이다.

"계속 두드리면 기회의 문이 열린다"라는 성공의 법칙을 몸소 실천하는 다양한 사례를 통해서 행동으로 옮기는 것이 얼마나 중요한지 느낄 수가 있을 것이다.

『돌에도 꽃이 핀다』 강현녀 대표님의 책이 독자들에게 많은 사랑을 받기를 희망한다. 그의 책속에는 따스함이 있기 때문이다. 그의 책 속에는 석재사업을 하면서 터득한 '거절할 수 있는 용기'를 보여준 사업에 대한 철학이 숨겨 있기 때문이다. 자신이 하고 있는 일의 전문성을 더욱 입증하고 공고히 하기 위해서 최근 미술대 조소과 대학원을 마친 강현녀 작가의 도전이 숨겨 있기 때문이다.

강현녀 대표님의 『돌에도 꽃이 핀다』 책 출간을 진심으로 축하한다.

강현녀 대표의
열정에 갈채를

김도운
고려대학교 명강사최고위과정
저술지도교수

누군가의 글을, 또는 저서를 평가하는 기준은 저마다 다르다. 작품성에 중점을 두고 평가하는 경우도 있겠고, 실용성에 초점을 맞춰 평가할 수도 있겠다. 또는 참신성을 비롯한 다른 기준이 될 수도 있다.

직접 글을 쓰고, 글쓰기를 지도하는 직업을 갖고 있는 나는 누군가의 글을, 또는 저서를 평가하는 첫 번째 기준을 진실성으로 삼는다. 얼마나 솔직하게 글을 썼는지 여부가 내겐 글을 평가하는 최우선의 잣대이다. 아무리 뛰어난 미사여구(美辭麗句)를 사용해 현란한 문장 솜씨를 뽐내는 글도 진실하지 않게 쓰지 않았다면 어떠한 감동을 줄 수 없다는 것이 나의 생각이다. 거짓으로 일관된 글은 저자를 웃음거리로 만들기에 충분하다. 진실하지 않은 글은 아무런 가치도 없는 장난에 불과하다는 것이 나의 일관된 생각이다.

나 역시도 글을 쓰면서 거짓 없이 나의 감정을 진솔하게 표현하고자 노력한다. 나의 글을 평가 받을 때 "진실하게 썼다."는 이야기를 전해 들으면 가장 기분이 좋다. 나의 이러한 평가 기준은 변하지 않고 지속될 것 같다.

출간을 앞둔 시점에 텍스트 상태로 천일석재 강현녀 대표 저서 『돌에도 꽃이 핀다』 전문을 읽어볼 기회가 있었다. 이 책을 읽으면서도 역시 '얼마나 진솔하게 내용을 엮어냈는가.'를 기준점으로 삼았다. 비전문가의 글이라는 편견을 가져 책 내용이 재미있을 것이란 큰 기대를 갖지 않고 내용을 읽어 내려가기 시작했다. 며칠간 나누어 읽어보아야겠다는 생각을 갖고 첫 장을 펼쳤지만 중간에 내려놓을 수가 없었다. 재미있었기 때문이다. 처음부터 마지막까지 시종 진실성이란 끈을 놓지 않고 글을 써내려갔음을 느꼈다.

때로는 과감하게 자신의 치부를 드러내며 생각과 행동을 반성하고, 마음을 고쳐먹는 과정까지 담백하게 써내려갔다. 거짓이라고 느껴지는 부분을 찾아보려고 유심히 눈알을 굴렸지만 찾아내지 못했다. 그래서 읽는 내내 감사했고, 감동을 느꼈다. 감사한 마음을 가진 것은 모든 글 쓰는 이들에게 귀감이 돼 주었다는 생각 때문이었다.

여성의 몸으로 중견기업을 이끌어 가는 과정에 얼마나 많은 어려움이 있었을지는 굳이 설명하지 않아도 짐작이 간다. 더구나 업종 자체가 남성들의 고유 영역으로 비쳐지는 석재 가공업이니 강현녀 대표가 사업체를 이끌어 오면서 겪었어야 할 고충은 짐작이 간다.

그러나 강 대표는 참으로 의연하고 슬기롭게 대처하며 회사를 성장시켰다. 그 내용을 이 책을 통해 알게 됐다. 그 배경에 철저한 신용과 신뢰가 작용을 했음도 이 책을 읽고 알게 됐다. 누구와 거래하든 약속을 지키기 위해 얼마나 노력했는지 알 수 있었다.

더불어 강현녀 대표가 회사 내 모든 구성원들을 얼마나 아끼고 사랑하는지를 알게 됐다. 어머니의 마음으로 한 명 한 명의 직원들을 살뜰히도 챙기고 있음을 느낄 수 있었다. 이 책을 읽고 나서 강현녀 대표를 더욱 좋아하게 됐다. 사업적으로는 냉철하고 정확하지만 인간적으로는 너무도 가슴 따뜻한 인물임을 온몸으로 알게 됐기 때문이다. 너무도 솔직히 써내려간 글을 읽고 강 대표의 신용과 신뢰가 어디에서 비롯됐는지 파악했다.

평생 자신의 이름으로 책 한 권을 발행하는 것이 얼마나 어려운 일인지 잘 알고 있다. 기업인이 자신의 고생담을 책으로 엮어내는 경우가 많지만 타인의 손을 빌리는 경우가 많다. 강 대표는 부끄러움 없는 자신의 저술을 남기기 위해 없는 시간을 쪼개 수개월간 먼

길을 마다하지 않고 글쓰기, 책 쓰기 과정 스터디그룹에 참여했다. 밤잠을 줄여가며 한 줄 한 줄 자신의 진솔한 이야기를 담아냈다. 그것이 한 권의 책으로 완성돼 발간됐으니 그의 열정과 집념, 성실성에 손바닥이 갈라지도록 박수를 보내고 싶다.

이순을 넘긴 나이에 대학원에 진학해 새로운 분야의 공부를 시작했던 강 대표는 배움에 대한 열정을 여기서 그치지 않았다. 익산에서 서울까지 왕복 6시간이 넘는 시간을 투자해 고려대학교 명강사최고위과정에 참여하며 끊임없이 자기계발에 나서는 모습을 보여줬다. 그 모습을 지켜보며 큰 감명을 받았다. 강현녀 대표를 알고 있는 모든 분들이 이 책을 꼼꼼히 읽고 그녀의 열정적 삶에 아낌없는 갈채를 보내주길 바란다.

1장

도전하는
삶

1 대를 이어 가는 천일석재

가장 위대한 에너지원(源) 가운데 하나는
자기가 하는 일에 대한 긍지.

〈스포크, 美 소아과 의사〉

숙명처럼 남편을 만나다

어느 날 친정어머니께서 낯선 사진 한 장을 불쑥 내놓으셨다.
검은 눈썹에 잘생긴 얼굴을 가진 건장한 남자 사진이었다. 누구인
지 물으니 어머니께서는 직업이 군인이라는 말만 하실 뿐이었다.
1970년대는 남자 직업 중에서 군인이 인기가 꽤 좋았던 때였다.

그 후 몇 달이 훌쩍 지나갔다. 어느 날 어머니와 아버지가 집안
아저씨 댁에 가자고 하셔서 영문도 모른 채 따라 나섰다. 그런데
그곳에 장차 나의 시아버님이 되실 분이 기다리고 계셨다. 그때
나를 얼마나 좋게 보셨는지 며느리로 삼고 싶으셔서 군인 아들을

설득하려고 일주일에 3번이나 면회를 다녀오셨다고 했다. 남편은 그렇게 어지간히 고집이 센 사람이었다.

결국 그해 7월 17일, 제헌절에 우리 집(친정)에서 처음 맞선을 보았다. 시아버님께서는 서로 싫지 않으면 간소하게라도 약혼식을 치르자고 하셨다. 당시의 결혼 풍습대로 당사자들이 서로 싫은지 좋은지 의사를 표명할 겨를도 없이 나와 남편은 처음 만난 날 부랴부랴 약혼식을 치르고 헤어졌다. 지금 생각해 보면 참으로 웃기는 약혼식이었다. 그 후 얼마 지나지 않아 우리는 부모님의 뜻에 따라서 결혼식을 치렀다.

군인에서 사업가로…

남편은 시댁에서 둘째 아들이었다. 그가 사업을 경영하는 것과는 전혀 관계가 없는 군인임에도 불구하고 시부모님은 제일 마음에 드는 둘째 아들에게 가업을 물려주고자 하셨다. 남편이 포천에서 중대장을 맡고 있을 때였다. 시아버님께서는 서울에 볼 일이 있어서 오는 길에 들렀다며 신혼집을 방문하셨다. 별다른 자초지종도, 설명도 없이 시아버지께서는 자리에 앉아 우리 부부에게 이렇게 말씀하셨다.

"종산에 석산이 있는데, 그 석산 사장에게 부탁해서 석재 사업을 해 보면 어떻겠느냐? 군인은 잘해 봐야 겨우 밥이나 먹고 살 수 있다."

그 제안이 그리 싫은 것은 아니었지만, 사업에 대한 경험이 없던 터라 쉬운 일이 아닐 것이라는 생각에 선뜻 대답을 드리지 못했다. 며칠이 지나자 시아버님께서는 종종 일 때문에 서울에 오셨다며 찾아오셔서 남편을 설득하고 내려가셨다.

시아버님은 과거에 밀짚모자와 양말 제조업을 해 보셨지만 제대로 성공을 이루지 못하셨다. 그런 실패가 늘 시아버님의 마음 한구석에 응어리져 남아 있으셨던 것 같다. 시아버님은 어쩔 수 없이 농사를 지으셔야만 했다. 석재사업을 하는 것은 집안을 위한 일이라고 줄기차게 강조하시는 시아버님의 설득에 남편은 결국 사업을 하기 위해 군을 제대하고 익산으로 내려왔다.

현장에서 부딪치며 배우다

1978년 11월 어느 날, 드디어 '용왕석재'가 문을 열었다. 초창기에는 시아버님께서 우리가 석재 사업을 잘할 수 있도록 도와주셨다. 그러나 형제간의 의견 차이로 잠깐 문을 닫을 수밖에 없었고, 80년대 초에 사업을 왕성하게 재가동하여 오늘에 이르렀다.

처음에는 어떻게 석재 회사를 운영해야 하는지 방법을 몰라서 너무나 힘들었다. 다행히도 이웃 석산 사장님의 도움을 받아 어려움을 헤쳐 나갈 수 있었다. 하지만 남편 혼자서 사업을 하는 것이 그리 만만치 않았다. 그래서 내가 조금씩 도와주었고 결국에는 적극적으로 사업에 참여하게 되었다.

그때만 해도 여자가 나서서 남자들과 상담을 하는 모습은 드문 일이었고, 사회적 시선이 곱지도 못했던 시절이었다. 그래서 남편과 구매자가 상담을 할 때 나는 소파 뒤의 작은 의자에 앉아서 그 대화를 들으면서 조심스럽게 의견을 제시하곤 했다. 그런데 일본의 구매자들이 그런 내 모습을 답답하게 생각했고 그때부터 앞으로 나와 면전에서 얘기를 나누도록 권유를 받았다.

"판매망은 잘 갖춰졌어요? 모든 것을 제대로 갖춰 놓고 일을 하고 있는 거예요?"

"일단은 공장을 만들어 놓고, 일거리를 찾아다니면서 하는 거지 어떻게 주문을 다 받아 놓고 사업을 해?"

초창기에는 석재 사업이 잘될지, 어떨지 걱정스러워 남편에게 이런 질문을 했다. 그런데 나에게 해주었던 남편의 대답이 일리가 있어서 그다음부터는 더 이상 묻지 않고 마음을 편히 먹고 차근차근 일을 꾸려 나갔다.

비록 현장 일이 힘들었지만 사장이라고 사무실에만 있지 않고 밖에 나가 직원들과 함께 일을 했다. 고객이 완성된 제품을 받았을 때 만족스러운지 그렇지 않은지를 미리미리 신경을 써 가면서 현장을 뛰어다니다 보니 내 손은 머슴 손처럼 거칠게 변해 갔다. 하지만 사업을 이만큼 일구어 놓은, 열심히 일하는 손이 멋지다고 격려해 주시는 분들이 있었기에 그동안의 모든 고생을 잊게 되고 행복감에 젖어들기도 한다.

처음에는 도면을 잘 보지 못했고 경험도 없어서, 직원들에게 일을 시켜 놓고도 일을 잘 하고 있는 것인지 그렇지 않은지도 알 수 없었다. 그런 부족한 부분을 만회하려고 저녁에도 공장에 나가서 잣대로 돌의 치수를 재는 연습을 하고, 돌에 흠이 있는지 손으로 만져 보면서 일을 하나씩 하나씩 몸에 익혔다. 제품이 출하되기 전에는 일일이 확인하고 직원들과 함께 포장을 했다. 초창기에는 이렇게 직원들과 호흡을 맞추어 일을 하면서 행복감을 느꼈다.

3대째 이어 가는 가업

시간이 훌쩍 지나 지금은 둘째 아들이 다니던 회사를 퇴직하고 우리 공장으로 와서 석재 일을 배우고 있다. 석재 일이 힘들어서 하지 않을 줄 알았는데, 고맙게도 가업을 잇겠다고 결심해 주었다. 석재 일을 하는 엄마를 보며 자란 아들은 석재 일이 보통 힘들지 않다는 것을 누구보다 잘 알고 있었다. 그럼에도 불구하고 그러한 결심을 해주어 아들이 참으로 기특하고 고맙다. 아들은 시키지 않아도 새벽부터 밤늦게까지 작업 현장에서 석재 일을 배우며 시간을 보낸다. 일을 시작한 지 1년 남짓 되었는데 아들 손에는 벌써 단단한 옹이가 박혔다.

"밥 먹고 살 만한 집 아들이 저렇게 현장에 가서 일을 하네! 젊은 청년이 힘든 일 마다 않고 열심히 일을 하네."

주위에서 칭찬이 자자하다. 일의 특성상 공장 내부가 먼지로 가득 차 있기 때문에 둘째 아들은 일을 할 때에는 좋은 옷을 입지 않고 해진 잠바를 주섬주섬 챙겨 입는다. 작업복은 깨끗하기만 하면 된다고 말하면서 성실하게 일을 하는 그 모습이 어찌나 대견한지 모른다.

석재업은 사람들이 기피하는 3D(더럽고 dirty, 힘들고 difficult, 위험한 dangerous) 업종에 속하기 때문에 가업을 잇고 싶어도 아들이 찬성하지 않으면 강요할 수 없다고 생각했다. 그런데 대견하게도 현장에서 기초부터 열심히 일을 배우고 있다. 현장을 알아야 견적을 낼 수 있고, 직원들도 거느릴 수 있다고 생각하는 것 같다.

경제가 어려워지면서 문을 닫는 석재 회사들이 늘고 있는 가운데, 우리 천일석재의 미래를 짊어지고 나아갈 사람이 있어 정말 다행이다. 한 사람이 희망이다. 혼자 걸어온 길을 아들이 함께 걷겠다고 나서 주니 없던 힘도 불끈 솟아난다. 내가 갖고 있는 일에 대한 노하우를 잘 전수해서 아들과 더불어 천일석재를 세계에서 제일가는 석재회사로 만들 수 있기를 오늘도 꿈꾸어 본다.

2 질문의 힘

질문이 정답보다 중요하다.

〈앨버트 아인슈타인〉

질문이 많은 여사장

"이것이 맞아요? 혹시 이렇게 되어야 맞지 않을까요?"

주문을 받아 물건을 제작할 때 이해가 되지 않는 부분이 있으면 나는 주저하지 않고 고객에게 몇 번이고 물어본다. 때로는 너무 물어봐서 귀찮을 수도 있지만, 지금까지는 싫어하는 고객들은 거의 없었다. 오히려 원하는 물건을 정확하게 만들어 드리려고 노력하는 열정을 높게 샀다. 그래서 거래처들 사이에서 나는 질문이 많은 여사장으로 소문이 자자하다.

"왼쪽이 '정다듬', 오른쪽이 '잔다듬' 사진입니다. 어떻게 돌을 다듬는 게 맘에 드시나요?"

"다듬는 것도 그렇게 차이가 나요? 몰랐어요. 사진대로라면 정다듬으로 돌을 다듬어 주세요."

어떻게 다듬느냐에 따라 돌의 모양이 달라지기 때문에 우리 마음대로 돌을 다듬지 않는다. 말로 설명이 안 되는 애매한 부분은 사진을 일일이 찍어 고객에게 보낸 후 의견을 묻는다. 고객으로부터 정확한 피드백을 받고 일을 해야 만족스러운 제품을 얻을 수 있기 때문이다.

"좌측, 우측, 정면을 봤을 때 구멍이 어디로 가야 합니까?"

"아차! 그러네요. 구멍의 방향은 생각을 못했네요."

돌에 구멍을 뚫어야 할 때, 도면에 우측과 좌측이 정확하게 구분되어 있지 않은 경우도 있다. 이때 내 마음대로 구멍을 뚫어서 보내면 문제가 생길 때가 많다. 그래서 고객이 완성된 제품을 사용할 때의 불편함 등을 고려해 어느 방향으로 구멍을 뚫으면 좋을지 꼼꼼히 묻는다.

고객과의 소통이 중요하다

"도면에 기술한 돌의 종류가 뭔가요? 도면에 표시된 돌이 아니면 나중에 틀림없이 문제가 발생해서 어떻게 하지 못합니다. 금액을 먼저 보지 말고, 설계 도면의 석종을 미리 확인해 주세요."

돌도 종류가 많은데 어떤 사람들은 무조건 '거무스름한 돌'로 만들어 달라고 주문을 하는 경우가 있다. 이럴 때는 정확하게 짚고 넘어간다. 대개의 주문자들은 그때서야 돌에도 종류가 많다는 사실을 알게 된다.

물건을 만드는 과정에서 고객과의 소통이 제대로 되지 않으면, 완제품을 받고도 원하는 물건이 아니라고 항의하는 경우가 있다. 이럴 때는 정말 난감하다. 고객은 원하는 물건을 제때에 설치할 수 없어서 공사 일정에 차질이 생기고, 우리 회사는 물건을 다시 만들어서 보내야 하기 때문이다. 일정에 차질이 생겼을 때 운반비, 노임(일을 못했어도 현장에 왔다면 지불해야 한다), 물건을 다시 만들어야 하는 비용까지 서로에게 몇 배의 손해가 나는 것은 당연하다.

고객과의 소통을 중요한 원칙으로 삼아서인지 몰라도 다행히 우리 회사는 지금까지 한 번도 물건이 고객의 마음에 들지 않아서 되돌아오는 경우가 없었다. 물건이 만들어지는 과정에서 생기는 문제들을 그때그때 철저하게 확인하기 때문이다. 조금이라도 내가 잘 알지 못하거나 미심쩍은 부분이 있다면 나는 주저하지 않고 고객에게 묻는다. 그러한 과정을 거치면서 제품을 만들어 나가기 때문에 고객들이 결과에 만족할 수 있게 되는 것이다. 가장 중요한 것은 고객이 원하는 제품을 생산해 내는 것이기 때문에 나는 끊임없이 노력한다.

정확함과 꼼꼼함이 신뢰를 가져온다

30년을 이어 온 거래처들도 요즘은 값이 싼 중국 제품을 쓰는 경우가 있다. 살아남아야 하기 때문에 어쩔 수 없는 상황이란 것은 이해한다. 그래도 거래처들은 어렵고 좀 더 세밀함을 요하는 물건을 제작하고자 할 때 비용이 더 들더라도 꼭 우리 회사에 주문을 한다. 우리가 정확하고 꼼꼼하다는 것을 경험으로 알기 때문이다.

한번은 오랜 거래처로부터 들어온 주문을 맡았는데, 일을 하다 보니 제작 과정이 너무 까다로웠다. 그래서 완제품을 만들어 보내면서 힘들었다고 말을 했더니 이런 대답이 돌아왔다.

"중국에 물건을 주문했는데 문제가 있는 상태로 도착하면 클레임 처리도 어렵고, 검품을 하러 가기에는 비용이 많이 들어요. 현장 작업도 안 되고, 여러 문제가 발생하기 때문에 줄 수 없었어요. 고맙습니다, 사장님! 천일석재 물건은 신뢰할 수 있어요."

30년 동안 사업을 해 오면서 거래처들로부터 좋은 평가를 들을 수 있었던 비결 중 하나는 바로 '정확한 물건을 만들기 위해 이해할 때까지 질문한다.'는 회사 운영 방침이다. 우리 회사는 주문을 받으면 정확하게 이해했을 때만 일을 시작한다. 제품을 만드는 과정에서도 고객과 소통을 하면서 정확하게 물건을 만들려고 노력한다. 고객들에게 만족스러운 제품을 만들어 드리기 위해 지금까지도 그랬고, 앞으로도 계속 이러한 방침을 고수할 것이다.

〈천일석재 기업 이념〉

3 자동화 기계 및 디자인 개발

오늘 걷지 않으면 내일은 뛰어야 한다.
지금 잠을 자면 꿈을 꾸지만 잠을 자지 않으면 꿈을 이룬다.

〈도스토예프스키〉

사라지는 석재 회사들

경기 침체로 인해 값싼 중국산 석제품이 국내로 대량 유입되고 있다. 그리고 그동안 우리나라로 왔던 일본의 주문이 대부분 중국으로 넘어가면서 국내에서는 가동을 멈추는 석재 공장들이 늘어나고 있다. 과거 대부분의 석재 공장에는 보통 20~50명 정도의 직원들이 일을 했는데 지금은 다섯 명, 많아야 열 명이 일하는 석재 공장들이 대부분이다. 국내 석재산업이 경쟁력을 잃은 것은 사실이다.

우리 회사도 별반 다르지 않다. 지금까지 함께 일을 해 왔던 직원들 중에 60~70%가 직업을 전환해서 회사를 나갔다. 게다가 현재 있는 직원들 대부분이 나이가 50~60대이다. 상황이 이렇다 보니 앞으로 10년 안에는 석재 공장에 사람이 없어서 일을 못하는 일이 생길지도 모른다.

상황이 암울하다고 손 놓고 가만히 있을 수만은 없는 노릇이어서 적극적으로 돌파구를 찾아 나서기 시작했다. 그래서 생각한 것이 '자동화 기계 개발'과 '디자인 개발'이었다. 갈수록 어두워지는 석재산업에 등불을 밝히기 위해서는 이 두 가지를 반드시 현실화시켜야 한다고 생각했다.

자동화 기계 개발

가까운 미래에 닥칠 인력난에 대비하기 위해서는 자동화기계 개발이 필수이다. 무거운 돌에 사람이 직접 손으로 일일이 팔각, 육각, 사각, 원 등의 모양을 새기는 일을 기계가 대체한다면 안전하면서도 훨씬 더 저렴한 비용으로 대량 생산이 가능해진다. 여러 모로 석재산업에 도움이 될 것이라고 판단해 틈틈이 자동화 기계 개발을 위해 노력해 왔다. 초창기에 기계 개발을 할 때는 문제점도 많고 힘들었지만 그래도 생각보다는 상당히 성공적으로 진행되고 있다.

　'석재 가공용 3D 가공 기계'는 그림을 그려서 컴퓨터에 입력하면 기계가 자동으로 돌을 깎아 주는 신기술이다. 현재는 시험 단계지만 조만간 기계가 사람을 대신해 힘든 일을 하는 것이 현실이 된다. 머릿속에만 있던 자동화기계 개발이 드디어 실현되었다. 이 기술이 실제로 이루어진다면 인력난에 허덕이는 석재산업에 빛이 되고 다음 세대가 석재 일을 이어 가도록 용기와 희망을 줄 수 있게 된다.

디자인 개발

　지금 나는 60이 넘은 나이지만 미술대학원에 다니고 있다. 내가 비록 디자인을 조금 한다고 해도 전문성이 없어 보일 수 있다. 석

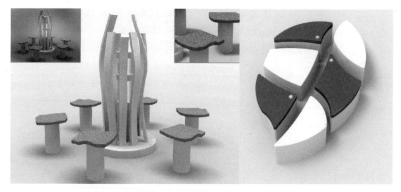

〈연꽃 의자석〉　　　　　　　〈나뭇잎 의자석〉

재 회사들이 경쟁에서 살아남으려면 디자인을 지금까지 해 오던 방식으로만 해서는 안 된다고 생각했다. 그래서 디자인 공부를 하기 위해 늦게라도 대학에 들어간 것이다. 좀 더 다양하고, 아름다우면서도 시대의 흐름에 맞는 독창적인 디자인이 계속해서 개발되어야 한다.

옛날부터 물확(돌확, 작은 돌절구)이나 의자석 같은 제품들을 많이 만들었다. 하지만 지금은 고객들이 자연과 잘 어울리면서도 미적으로도 뛰어난 디자인을 많이 요구한다. 그래서 나는 대학에서 공부하면서 직접 디자인한 것들을 자동화기계를 이용해 공장에서 만들어 보고 있다.

생각한 일들이 현실로 이루어질 때마다 큰 성취감을 느낀다. 현실이 힘들다고 안주하고, 낙담하면 아무 일도 할 수 없다. 그럴수록 새로운 방법을 모색해야 한다. 대한민국의 석재산업을 가장 오래도록 짊어지고 가겠다는 각오로 나는 지금도 열심히 노력하고 있다. 그 결과 출원한 특허가 6건, 등록한 디자인이 20여 건에 이른다.

요즘 나는 글씨 및 그림을 파는 기계에 관심이 많다. 기계로 돌에 글씨를 새길 때는 고무판 글씨를 돌에 붙이고, 강한 압력의 에어기에 쇳가루를 넣고 분사해 글자 하나하나를 새기는 방식으로 작업을 한다. 그리고 파낸 돌을 꺼내어 페인트로 마무리를 한 다음 마지막으로 고무판을 떼면 공정이 완성된다.

쇳가루는 진폐증의 원인이 되기 때문에 글씨를 손으로 새기려는 사람이 없다. 그런데 자동화 기계는 컴퓨터에 입력을 시키고 'ON' 스위치만 눌러주면 저절로 원하는 글씨와 그림이 새겨진다. 어디 그뿐인가. 글씨체도 다양하게 선택할 수 있다. 어떤 그림과 무늬도 입력만 시키면 다 만들어 낼 수 있다.

아이디어만 있다면 안 되는 게 없다. 운영자금이 없더라도 회사가 발전적인 좋은 아이디어를 가지고 있다면 국가가 나서서 도와준다. 정말 기업 경영하기 좋은 세상이다. 끊임없이 생각하고 노력을 한다면 신명나게 일할 수 있는 세상이다.

4 음수대, 관찰과 질문의 결과물

아이디어는 당신의 모자 밑에 있다.

〈워너 메이커〉

아이디어는 관찰과 질문을 통해 온다

음수대 개발은 사실 우연한 관심에서 비롯됐다. 어느 날 공원에 갔다가 너덜너덜하고 녹이 슬어 있는 스테인리스 음수대를 발견했다. 많은 사람들이 사용하는 음수대인데 위생적으로 좋아 보이지 않았다. 간혹 돌로 만들어진 음수대도 눈에 띄는데, 대부분이 돌을 조각조각 나눠서 시멘트를 이용해 붙인 것들이다. 시간이 지나면 이런 음수대는 돌 조각이 다 떨어지게 된다.

'부서지지 않으면서도 위생적이고, 환경과 잘 어울리면서도 손질만 하면 깨끗하게 오래 쓸 수 있는 음수대를 돌로 만들 수는 없을까?'

이 질문을 시작으로 음수대 개발에 매진하기 시작했다. 처음에는 쉽지 않았다. 음수대를 만들기 위해 노력하면서도 과연 성공할 수 있을지 의문이 들기도 했다. 하지만 포기하지 않고 노력한 끝에 우리 회사는 통 돌로 음수대를 제작하는 기술을 갖게 되었다. 처음엔 단순한 관심에서 질문이 생겨났고, 그 질문에 대한 답을 찾다 보니 음수대 개발까지 이어진 것이다. 아주 사소한 질문으로 음수대가 탄생하게 되었지만 현재는 이 음수대가 우리 회사 매출의 70~80%를 차지하고 있다.

부지런히 음수대를 알리다

전국에 돌로 만든 음수대는 천일석재 제품이 가장 많이 알려져 있다. 하지만 이러한 결과가 저절로 나온 것은 아니다. 통 돌로 제작한 천일석재 음수대의 우수성을 알리기 위해 제품이 필요할 만한 곳이라면 전국 어디라도 제품안내 카탈로그를 발송하는 일을 오래전부터 해 오고 있다.

초기에 카탈로그 발송 대상을 선별하지 않고 무작위로 보냈더니 10%가 되돌아왔다. 20%, 30%……. 점점 반송되어 돌아오는 우편물의 숫자가 늘어났다. 우체국에 전화해서 반송이 된 우편물들을 다시 돌려보내고 싶다고 말을 했더니 우체국 직원은 "주소지의 회사가 없어졌는데 어떻게 보내야 하느냐?"고 반문을 했다. 경기가 안 좋아서 회사 자체가 없어졌거나 이사를 간 업체들이 많아진 것이다. 한편으로 씁쓸했고 안타까웠다.

지금은 인터넷을 통해 검색을 하고, 우리 음수대가 필요할 만한 곳에만 카탈로그를 보낸다. 그랬더니 반송 물량이 1% 대로 급감했다.

천일석재 음수대의 좋은 점

석재 음수대는 여러모로 사용자들에게 이로운 점이 많다.

첫째, 통 돌을 사용하여 설치가 간편하다.
둘째, 내부가 설치되어 있어 물 공급 파이프만 연결하면 된다.
셋째, 수도꼭지가 고장 나도 교체하는 데 편리하다.
넷째, 실리콘·에폭시 등 접착제를 전혀 사용하지 않는다.
다섯째, 설치 후에는 사용 중 다른 장소로 이동이 가능하다.
여섯째, 전량 국내석으로 제작한다.
일곱째, 석재여서 자연과 잘 어울리고 편안함을 느낄 수 있다.
여덟째, 얼룩이 잘 남지 않고 녹이 슬지 않으며 깨끗하다.
아홉째, 일부러 깨지 않는 이상 파손되지 않는 내구성을 갖는다. 특히 통 돌로 음수대를 제작할 경우에는 재활용이 가능하다. 다른 곳으로 쉽게 옮겨 사용할 수 있기 때문이다. 또 쉽게 부서지지 않기 때문에 위험하지도 않다. 석재 음수대를 설치하면 반영구적인 사용이 가능하다.

석재 음수대는 만드는 사람의 입장에서 보면 일일이 수작업을 해야 하기 때문에 손이 많이 가고, 무거우며 제작 과정이 어렵다. 특히 천일석재 제품은 통 돌로 만들기 때문에 처음부터 큰 돌을 사용해야 한다. 그래서 큰 장비의 사용은 불가피하다. 이 밖에 여러 가지 어려움이 있다. 이처럼 제작을 하는 입장에서는 어려움이 많지만 이용자 입장에서는 좋은 점이 열거하기 어려울 만큼 많다. 그래서 천일석재는 주저하지 않고 서둘러 음수대 개발에 뛰어들었다.

다양한 형태와 디자인의 음수대를 개발하다!

야외에 설치하는 음수대에는 찌꺼기, 녹물제거기를 부착해 깨끗한 물을 마실 수 있도록 개발했다. 겨울에는 추운 날씨 탓에 자칫하면 음수대가 얼게 되는 경우도 있다. 우리는 이러한 약점을 보완하기 위해 전기선 대신 태양열을 이용해 겨울에 음수대가 얼지 않도록 조치했다. 처음부터 사시사철 편리하게 이용할 수 있도록 고려했다. 특히 조립식으로 만들어서 영구적으로도 사용할 수 있도록 설계했다. 이러한 각고의 연구를 통해 만들어진 음수대는 '야외용 석재 음수대' 특허와 성능 인증을 받았고 전국 석재 대회에서 대상을 수상하기도 했다.

음수대는 어른용, 청소년용, 어린이용 등 높이를 다양하게 제작했고, 공원에 어울리도록 다채로운 디자인을 적용했다. 학교에서 이용하는 음수대는 학생들이 함부로 다뤄도 부서지지 않도록 내구성에 각별히 신경을 썼다.

음수대 관련 다양한 디자인 개발에도 힘쓰고 있다. 특히 지역의 특성에 맞는 음수대 제작에 심혈을 기울이고 있다.

언젠가 전북 임실 치즈마을에서 젖소마을에 어울리는 음수대를 만들어 달라고 연락이 왔다. 젖소 모양의 음수대는 만들기가 만만치 않았다. 지역적 특성을 고려해 깊이 연구한 끝에 젖소 캐릭터를 그려서 보냈더니 만족한다는 답변이 왔고, 우리는 그대로 만들었다. 젖소 모양의 음수대를 만들어 임실 치즈마을에 설치를 하고 보니 주변 환경과 잘 어울렸다. 뿌듯했다.

자연에서 얻을 수 있는 석재, 태양에너지, 물 등의 모든 것에 감사함을 느낀다. 사계절 내내 안심하고 마실 수 있는 물이 흘러나

오는 음수대 보급을 확대해 보다 많은 사람들이 이용할 수 있으면 좋겠다. 우리 천일석재는 이런 바람을 현실화시키기 위해 계속해서 좋은 제품을 만들어 낼 것이고, 기술 개발에 힘쓸 것이다.

5 일은 함께하는 것이다

벌들은 협동하지 않고는
아무것도 얻지 못한다.
사람도 마찬가지다.

〈E. 허버트〉

첫 번째 음수대 주문

'석재 음수대'를 개발해서 제품 사진을 인터넷에 띄웠더니 강원
도의 한 박물관에서 주문이 들어왔다. 첫 번째 음수대 의뢰인 만
큼 잘 만들어서 좋은 평가를 받고 싶었다. 그래야 다음 주문으로
이어질 수 있기 때문이다. 원하는 가격과 모양을 맞춰 주기로 하
고 계약을 체결했다. 첫 번째 음수대 제작은 우리 회사에 중요한
의미가 있었다.

드디어 주문한 음수대를 설치하는 날이 되었다. 공무원들이 오
기 전에 현장에 도착하려고 직원 한 명과 함께 새벽 3시에 익산에

서 출발했다. 현장까지는 4시간이 걸리기 때문에 서둘러 출발한 것이다. 바로 일을 시작할 수 있도록 미리 연락해서 현장에서 필요한 장비도 대기시켰다.

현장에 도착해서 음수대를 설치하기 위해 먼저 박물관 측 담당자에게 인사를 건넸다. 그런데 그 담당자는 나를 힐끔 쳐다보더니 알아서 하라는 식으로 음수대 설치할 곳을 발짓으로 가리키고는 획 가버렸다. 내가 여자라서 성의 없는 태도를 보인 것인지, 아니면 담당자가 무슨 기분 좋지 않은 일이라도 있었던 것인지 당시에는 도통 알 수가 없었다. 이러한 박물관 측 담당자의 호의적이지 않은 태도에 기분이 상했던 것은 당연한 일이었다.

담당자의 마음을 협조적으로 돌리다!

시공을 할 때 중요한 사람 중 현장 관계자를 빼놓을 수 없다. 그가 우리를 파트너로 생각하고 적극적으로 협조를 해 줘야 작업이 잘 마무리된다. 만일 소통이 되지 않은 상태에서 진행을 하면 시공을 잘했어도 관계자가 불만을 토로하는 경우가 생기기도 한다.

담당자가 협조적인 자세로 나오게 하려면 누군가의 도움이 필요하다는 생각이 들었다. 문득 그 지역에서 영향력을 발휘할 수 있는 지인이 떠올라서 전화를 했다. 자초지종을 설명하고, 와 줄 수 있는지 물었더니 기꺼이 한걸음에 달려오겠다고 했다. 일단은 기초공사만 진행하고 있는 상태에서 지인이 도착한 후, 함께 담당자를 만나러 갔지만 담당자가 점심을 먹으러 갔다는 말만 되돌아왔다. 하는 수 없이 우리도 가볍게 점심을 먹고 1시쯤 다시 만나러 들어갔다.

"이 지역에 오시면 항상 들러 주세요. 제가 맛있는 차 대접하겠습니다."

나의 지인이 대단한 분이셨던 것 같다. 나를 홀대했던 박물관 관계자는 지인과 대화를 나눈 뒤 깍듯한 태도로 변해 있었다. 다행히도 담당자가 호의적으로 나와서 몇 가지 의견을 조율하고 현장으로 돌아와서 본격적으로 음수대 작업을 시작할 수 있었다.

일은 밤 11시가 되어서야 끝이 났다. 다른 현장 같았으면 늦었으니까 내일 와서 다시 하라고 직원들이 난리를 쳤을 텐데, 지인의 도움 덕분에 박물관 직원들이 오히려 간식을 사다 주고 일이 끝날 때까지 기다려 주었다.

함께하는 직원에 대한 고마움

비가 얼마나 억수같이 내렸는지 그 일을 끝내고 돌아오는 데 다섯 시간이 걸렸다. 밤 11시에 출발해서 그다음 날 새벽 4시에 도착했으니까, 25시간을 박물관 공사를 하는 데 보낸 셈이다.

그때 같이 갔던 직원은 지금까지도 보기만 해도 고맙다. 그곳에 가기 전에는 둘만 가서도 충분히 음수대 설치를 빨리 끝내고 올 수 있을 거라고 생각했었다. 그런데 예상 밖으로 바닥 공사까지 하느라 힘이 많이 들었다. 바닥이 콘크리트로 되어 있어서 그것을 부숴야 했기 때문이었다. 공사가 커지는 바람에 시간이 생각했던 것보다 상당히 지연되었다.

오고 가는 데 시간이 많이 걸린 데다 공사가 예상보다 커져서 작업도 힘들었을 텐데, 나와 함께 그곳에 가서 일을 한 직원은 아무런 불평 없이 묵묵히 함께 일해 주었다. 그 직원 덕분에 음수대 설치 공사는 어려움을 이겨내고 잘 마무리 되었다.

일은 함께하는 것이다

내가 잘 준비했으니 음수대 설치 공사가 순조롭게 이루어질 거라고 생각했지만 오산이었다. 그러한 경험을 통해서 일은 혼자서 하는 것이 아니라 함께하는 것이라는 사실을 통감했다. 박물관 담당자의 협조가 없었다면, 지인의 도움이 없었다면, 성실하게 열심히 일해 준 우리 직원이 없었다면 일은 더 지연되고 만족스럽지 못하게 마무리되었을 것이다.

그 후로는 어느 현장에 가서도 혼자 일을 하지 않는다. 담당자의 친절과 협조를 이끌어 내는 것도, 직원들이 열심히 일하게 만드는 것도 사장인 내가 늘 생각해야 할 부분이다. 만약 내가 협조해 주지 않는 담당자와 말다툼이라도 했다면 어땠을까? 일을 그르치게 되었을지도 모른다.

잘 생각해 보면, 처음에는 함께 원활하게 일하는 것이 힘들지 몰라도 함께 일했을 때 만족을 느끼는 사람은 나 혼자가 아닌 다수가 된다. 이렇게 또 한 번의 경험을 통해서 사업을 하는 데 꼭 필요한 중요한 교훈을 얻을 수 있었다.

어떤 이유에서든 담당자가 처음부터 호의적으로 나오지 않는다면 당황할 수밖에 없다. 그러나 일을 맡은 사람으로서 고객에게 의뢰를 받았다면, 이 일을 잘 진행해 나가고 제대로 마무리하는 것이 중요하다. 일을 하기 위해 모든 것을 준비한 상태에서 단지 마음이 상했다는 이유로 감정적으로 일을 처리했다면 결과는 낭패였을 것이다. 극단의 상황을 가정해 보면 아찔하다. CEO는 어떤 상황에서든 이성적이고 유연하게 행동할 수 있는 지혜가 필요하다. 감정을 드러내기에 앞서 한 번 더 생각하는 지혜가 필요한 것이다.

6 정확한 판단의 중요성

황금을 시험하는 것이 시금석이듯
모든 판단에는 정확하고 진실된
표준이 있어야 한다.

〈에픽테토스〉

남편의 친구와 거래를 시작하다

어느 날, 남편과 길을 가다가 우연히 남편의 친구를 만났다. 그는 남편의 옆모습을 보고 아는 사람이다 싶었던지 남편에게 다가가 고향을 물었다. 그때서야 서로를 알아보았고, 몇 십 년 만의 만남에 둘은 무척 반가워했다. 남편 친구는 원자재인 돌을 납품하는 회사를 운영하고 있었다. 그 만남이 인연이 되어 우리 회사에 원자재를 도맡아 공급하기 시작했다.

몇 년이 흘러 석재 산업에 변화가 찾아왔다. 우리나라의 주요 석재 수출국이었던 일본이 인건비 상승으로 중국으로 거래를 옮기기 시작한 것이다. 국내석재 회사들이 타격을 입을 수밖에 없었다. 수출로 주요 매출을 올려 왔던 우리 회사도 주문이 줄어들자 점점 경영 위기가 엄습해왔다. 그렇다고 당장 국내 시장 공략에 나설 수도 없었다. 우리 회사는 90% 이상의 제품이 해외 수출에 맞춰져 있었고, 국내와 해외에서 요구하는 석제품의 내용이 달랐기 때문이다.

찬밥과 더운밥 가릴 형편이 아니었다. 일거리가 있으면 뭐든 해야만 할 상황이었다. 더 이상 일본만 바라볼 수 없어서 국내 시장을 공략해야 했지만, 기존 거래처가 거의 없었기 때문에 막막했다.

거래처만 믿고 시작된 잘못된 거래

때마침 남편의 친구로부터 거래처를 소개해 주겠다는 연락이 왔다. 가뭄 뒤의 단비처럼 남편 친구의 연락이 그렇게 반가울 수가 없었다. 그분과 원자재 거래를 오랫동안 했었기 때문에 믿을 수 있는 분이라고 생각했다. 그래서 그분이 소개를 해 준 업체를 믿고 일을 시작했다.

그러나 시간이 갈수록 소개받은 업체의 김 사장은 처음 전해 들었던 것과는 다른 사람이라는 느낌이 들었다. 남편은 거래처 김 사장이 천사처럼 좋은 분이라고 침이 마르도록 칭찬을 했지만 나는 그렇게 느껴지지가 않았다. 그래도 소개해 주신 분을 믿고, 주문하는 물건을 계속 출하했다.

그런데 어떻게 된 일인지 결제 때가 되면 매번 조용했다. 그러한 상황이 반복이 되었고 결제 대금이 밀리기 시작하자 마음이 초조해졌다. 그래서 남편과 친구에게 거래처에 가서 결제를 비롯해 앞으로의 일을 의논하고 오라고 부탁드렸다. 하지만 남편은 거래처 김 사장이 좋은 분이라고만 말하고 결제에 관해서는 아무런 답도 가져오지 않았다.

안 되겠다 싶어 며칠 후에 내가 직접 김 사장을 찾아갔다. 거래처를 둘러보고 식당에 가서 얘기를 나누는데 내 귀에는 그의 이야기가 다 거짓으로 들렸다. 그와 하고 있는 거래가 잘못된 것이라는 생각이 들었고 그동안 보낸 물건에 대한 돈은 어떻게 받아야 하는지에 대한 걱정이 생겼다. 마음이 무거웠다.

믿었던 도끼에 발등을 찍히다

"어때요? 그 거래처 김 사장님 좋은 분이시죠? 내 말이 맞지요?"

"아니요. 제 귀에는 그분이 하시는 말, 전부가 거짓으로 들립니다. 앞으로 저는 그 김 사장님과는 거래를 못합니다. 우리가 그렇게 정성껏 제품을 만들어 보냈는데, 한 번도 결제를 해주신 적이 없습니다. 저는 밀린 돈을 받아야 하니까 제 이름으로 저당 설정을 해 주시면 좋겠습니다."

집으로 돌아오는 길에 남편의 친구가 나에게 거래처 김 사장에 대해 물어보았지만, 나는 절망적인 기분이 들어서 솔직하게 말할 수밖에 없었다. 하루빨리 피해를 줄일 수 있는 방법을 강구해야만 했다. 거래처의 전시장이 좀 값이 있어 보여서 그것을 내 앞으로 저당 설정을 해 달라고 했더니, 이미 남편의 친구가 본인 앞으로 설정을 해 둔 상태였다. 어처구니가 없었다. 게다가 물건을 한 차 만들어서 보내고 며칠이 안 되어서 그 거래처가 부도가 났다.

친구는 우리에게서 원자재 값은 꼬박꼬박 받아 가면서도 전혀 도움을 주지 않았다. 내용증명도 내가 만들어 보내 준 것만 처리하면 되는데 말이다. 싸울 수가 없어서 이삼일에 한 번씩 식사를 하면서 채근을 했다.

결국 내가 직접 내용증명을 보내고 며칠이 지나고 나서 땅 주인의 아들로부터 연락이 왔다. 땅 주인의 아들과 며느리 되는 분들이 돈을 준비해서 오시겠다고 했다. 아들과 며느리에게 얘기를 들어 보니, 땅 주인인 시아버지께서 세를 받으셨는데 김 사장이 친절하게 잘해 주니까 땅 저당 설정뿐만 아니라 돈도 보증을 많이 서 주셨다고 한다. 그 때문에 땅 주인의 가정은 파탄이 나게 된 것이다. 땅 주인의 가족은 화목하게 살다가 갑작스럽게 큰 손해를 입게 돼 암울한 처지가 되었던 것이다. '사람들도 순수하고 좋아 보였는데…….'라는 생각이 들었고 참으로 안타까웠다.

갚을 돈을 다 준비해서 온 것은 아니었지만 안타까운 이야기를 듣고 깎아줄 수밖에 없었다. 좋은 사람일 거라고 믿고 했던 일이 이렇게 큰 화가 되어 한두 사람이 아닌 몇 가족이 다 스트레스를 받고, 병이 나고, 평화가 깨지는 일이 생겨 버렸다.

사업가에게 필요한 것은 정확한 판단력

이런 일을 겪고 나서 남편은 계약을 해야 할 때마다 나와 같이 가거나, 나 혼자 가서 보고 오라고 위임을 한다. 믿었던 친구의 배신이 너무도 아팠던 것이다. 돈을 잃은 것은 그렇다 해도 믿었던 친구가 진실한 사람이 아니었다는 것을 깨닫게 된 것은 정말 슬픈 일이었다. 앞으로 사람들과 가까워질 때마다 한 번쯤은 의심을 하고 관계를 맺어야 한다는 사실이 더욱 가슴 아팠을 것이다.

사업을 하는 사람들에게는 정확한 판단력이 필요하다. 사람을 알아보는 눈이 절대적으로 필요하다. 특히 이 거래가 과연 합리적이고 안전한지에 대한 전후 상황을 분석해서 빠르게 판단을 해야 한다. 친한 관계라고 해서 정과 믿음을 앞세워 구두로 계약을 하거나 대충 넘어가서는 안 된다. 어디까지 사업적인 거래이기 때문에 정확한 절차에 따라 일을 처리해야 한다. 그래야 객관적인 판단을 하면서 신뢰 관계도 견고히 할 수 있다.

믿는 도끼에 발등을 찍히지 않으려면 상대방 손에 도끼를 쥐어 줘서는 안 된다. 정확한 서류 절차 아래서 계약을 맺고 신뢰 관계를 이어 가야 한다.

7 북한 방문기

세계는 한 권의 책이다.
여행하지 않는 사람들은
그 책의 한 페이지만 읽는 것과 같다.

〈아우구스티누스〉

　6·25를 직접 경험하지 못했던 나에게 감사하게도 석재 일을 하면서 두 번이나 북한을 방문할 수 있는 기회가 있었다. 그 시간은 나에게 참으로 뜻깊었다.

첫 번째 방문

　여성재향군인회에서 개성으로 여행을 가게 되었다. 때는 1월 중순, 영하 24도로 그해에 가장 추운 날씨였지만, 처음 가보는 개성이었기에 부풀어 오는 가슴을 주체할 수 없었다. 여행에 나서기 전 제대로 잠을 이루지 못할 지경이었다.

여행을 떠나기 전, 여행객들이 함께 투숙한 숙소는 서울 변두리의 오래된 여관이었다. 방이 왜 그리 추운지, 잠을 자보려고 애를 써도 잠이 오지 않았다. 게다가 같은 방에서 자게 된 일행들은 뭐가 그리 재미있는지 계속 웃고 떠들었다. 나는 잠을 제대로 못 자면 하루 종일 피곤해서 즐겁지 않을 것 같아 억지로 잠을 청했지만 자다 깨다를 반복할 수밖에 없었다. 시간을 보니 새벽 3시 30분. 일어나 준비하고 간단하게 요기를 한 후 4시 30분에 출발했다.

개성까지는 자가용으로 20분 거리도 안 되었지만 그곳에 가기 위해 준비하고, 기다리고, 수속을 밟는 데 한나절의 시간을 보냈다. 개성에 도착하니 깡마른 모습에 군복을 입고 총을 메고 눈을 둥그렇게 뜨고 희번덕거리는 북한 군인들이 눈에 들어왔다.

백화점에는 한 사람도 드나들지 않았다. 왜 그러냐고 물었더니 그날은 쉬는 날이란다. 그러면서 근처에 가지도, 쳐다보지도 못하게 했다.

첫 번째 코스는 고려 말기의 충신 정몽주가 이방원의 사주를 받은 자객들에게 철퇴를 맞고 죽은 돌다리 선죽교. 다리 위에 피 묻은 자국이 있다고 해 가서 보니, 실제로 붉은 색 자국이 희미하게 남아 있었다. 돌을 다루는 사람으로서 믿기지 않았다. 다음 코스는 박연폭포였다. 한겨울인데도 숲에 나뭇잎이 파랗게 우거져 있

〈선죽교에서〉

〈박연폭포〉

어서 스산해 보이지 않았다.

안내원이 함부로 말을 하면 안 된다고 주의를 줬지만 꼭 물어보고 싶은 것이 있어서 참지 못하고 질문을 했다.

"개성의 유명했던 황진이의 묘는 여기서 멀리 있나요?"
"그리 멀지 않습네다."
"그래요? 꼭 한 번 가보고 싶었는데 안 되겠죠?"
"아니, 당신이 책에서 나온 황진이를 닮았는데 뭐 그리 보고 싶습네까?"

그 말 한마디에 주위 사람들과 나는 까르르 웃었다. 피로가 싹 가시고 마냥 행복하기만 했다. 아마 내가 입은 빨간 잠바와 빨간 모자가 더 그렇게 보였으리라 생각한다. 황진이는 기생이었지만 참으로 멋지고 아름답고 지조 있는 여인네여서 내가 무척 좋아하는 인물 중 한 명이었다. 심지어 황진이 시를 벽에 붙여 놓고 외울 정도였다.

청산리 벽계수(靑山裏 碧溪水)야 수이 감을 자랑 마라.
일도창해(一到蒼海)하면 돌아오기 어려우니
명월(明月)이 만공산(滿空山)하니 쉬어간들 어떠리.

그런 여인네를 닮았다고 하니 어찌 행복하지 않았겠는가. 내가 좋아하는 사람을 닮았다는 말이 이렇게 기쁘고 큰 칭찬인지 그때 처음 느껴 보았다. 개성의 살벌한 분위기 속에서도 말 한마디로 분위기가 바뀌고 행복할 수 있었다. 그렇기에 첫 번째 북한 방문은 황진이와 함께 기억 속에 오래도록 남아 있다.

두 번째 방문

2006년 9월 26일, (주)태림산업과 '아리랑' 합영 석재공장 개성 준공식에 참석하기 위해 석재인 8명과 함께 북한 개성을 방문했다. 이렇게 갖게 된 북한 방문의 기회를 국내외 석재업계 동향 파악을 하는 좋은 기회로 삼고 싶었다.

25일 밤 9시에 익산역에서 출발해 1시간 50분 만에 용산 역에 도착해서 역 근처의 허름한 여관에서 하루를 묵었다. 아침 일찍 일어나 설렁탕으로 식사를 마친 후 7시 20분이 지나서야 출발했다.

한강변을 따라 북쪽으로 달려 자유로에 들어섰고, 얼마 안 있어 파주에 접어들었다. 도라산 전망대를 지나 과거 몇 번 와 봤던 임진각이 무척 달라진 채 시야에 들어왔다. '경의선도로 남북출입사무소(CIQ)'에 도착했다. 2층에서 판매하는 북한산품은 백두산들쭉

술, 강계산 머루술, 강서탄산수, 솔 꽃가루(송홧가루) 등으로 전부 생소했다.

드디어 휴전선을 통과했다. 작은 키의 북한군이 한두 명씩 있었는데, 우리보다 10cm 이상 작고 매우 말라 보였다. 커다란 모자를 쓰고 몸집에 비해 지나치게 큰 바지를 입고 있는 모습이 군인다워 보이지 않았다.

지척에 개성공단이 있었다. 주변 산은 온통 민둥산이었다. 듣던 대로 연료 부족이 심각해 산에 심은 나무를 모두 땔감으로 사용했기 때문이라고 생각했다. 홍수가 나면 금방이라도 산사태가 날 것 같다는 생각을 했다. 개성 외곽은 초라하기 짝이 없어 몇 안 되는 낡은 건물과 깡말라 초라해 보이는 몇몇 사람들의 통행만 눈에 들어왔다. 우울하고 활력 없는 분위기가 역력했다.

준공식장에 도착하니 30대 북한 여자들이 한복을 입은 채 박수로 우리를 환영했다. 화장을 했으나 작은 키에 궁색한 티는 숨길 수 없었다. 간이 천막에서 방문자 점심 접대가 있었다. 접대원들은 훤칠한 미인들로 25세에서 28세가량 평양에서 온 아가씨들인데 대학을 졸업했다고 소개하는 것으로 미루어 보아 중류층 이상인 듯싶었다.

담백한 자연산 장어와 돔을 양식으로 요리한 것이 일품이었고 고사리와 나물도 좋았다. 평양 소주와 함께 대동강 맥주가 있어 맛을 보았다. 북한 땅에서 북한 술을 곁들여 북한 음식을 먹으니 야릇한 기분이 들었다. 특히 동행한 남성 일행들은 평양에서 왔다는 여성 접대원들을 보며 무척 즐거워했다. 그러나 나는 한편으로 따가운 태양 아래 정성을 다하는 접대원들이 안쓰러웠다.

북한산품을 판매하는 간이상점으로 발길을 옮겼다. 평양 출신 20대 중후반 여성 판매원들이 능숙하게 물건을 팔았다. 대리석과 옥공예 작품, 우표, 술과 담배 등은 물론 자수와 그림도 판매했다. 일행들은 북한의 여성 접대원이나 판매원과 함께 사진을 찍었다.

오후 2시경쯤 다시 차를 타고 개성공업지구에 도착했다. 우리은행과 훼미리마트가 있었다. 개성공단은 한국이 세웠지만 근로자는 모두 북한 사람들이다. 시계 제조업체 '로만손'을 비롯한 몇 곳의 입주 기업을 둘러봤다. 체구가 작고 궁핍해 보이는 북한 근로자들은 우리가 바로 옆을 지나가도 고개 한 번 안 돌리고 기계같이 일에만 열중했다.

〈개성공단〉

돌아오는 길에 300명 수속을 진행하는데 20명 북한군이 5개 출구에서 1시간 동안 엄격히 조사를 했다. 남자들은 두 손을 펼치도록 하고 더듬는가 하면, 여자는 핸드백까지 열어 보기까지 해 기분이 상했다. 나는 디지털카메라 속 1백여 장의 사진을 되돌려 보며 확인을 받았다. 러시아 방문 사진을 보고 "어디인가? 러시아는 왜 갔는가?" 등 캐묻는 그들이 세계화를 알 리 없었다. 남측 사무소에 도착하니 공무원이 혼자서 수속 처리를 했다. 같은 일을 처리하면서 20명이나 되는 군인이 한 시간을 들여서 하는 북한과 단 1명의 공무원이 불과 20~30분 만에 처리하는 남한의 차이를 지켜보며 '이러한 시간의 차이가 결국에는 국가 발전의 차이로 나타나는구나.'라는 생각이 들었다.

전북 석재인들이 휴전선을 넘어 북한 현지까지 가서 석산개발과 석재업 동향을 살피고 돌아온 것은 획기적인 일이었다. '이번 행사가 석재 산업에 이익이 돼야 할 텐데······.'라고 생각하며 발길을 재촉했다.

8 도전하는 삶

껴지지 않을 불길로 타올라라.

〈루이사 시게아〉

대가족의 울타리 안에서 도전을 꿈꾸다

어린 시절 우리 집은 시골 면소재지 중심에 자리하고 있었다. 파출소, 학교, 성당, 역, 면사무소, 큰 가게, 우체국이 집에서 5분 거리에 있었다. 집안에 애·경사가 있을 때는 동네에 사는 욕쟁이 아줌마, 난쟁이 아줌마 등 3~4명의 아줌마들이 오셔서 일을 시작할 때부터 마무리할 때까지 며칠씩 머물며 도와주시던 것이 생각난다. 우리 집은 큰 부잣집은 아니었어도 별다른 어려움 없이 살았던 것으로 기억한다.

대가족이다 보니 삼촌들이 많았다. 막내 삼촌은 나하고 동갑내기였는데, 둘이 얼마나 자주 싸웠는지 모른다. 동갑내기 삼촌과 싸우게 되면 당연하다는 듯이 나만 엄마에게 매를 맞았다. 학교에서 수학여행을 갈 때도, 학교 진학을 할 때도 삼촌이 먼저였다. 할아버지가 안 계셨던 탓에 엄마는 더욱 할머니, 가족, 동네 사람들, 친척들의 눈치를 보아야만 했던 것 같다. 만약 여자인 데다가 조카인 나를 우선시 했다면 나쁜 사람 취급을 당할 수 있다고 엄마는 생각하셨던 것 같다.

어린 마음에 나는 언제나 피해자였다. 우리 부모님은 왜 할아버지, 할머니하고 함께 살아야만 하는 것일까 생각하며 마음이 아픈 적도 있었다. 그렇지만 나와 동갑이긴 해도 나보다 삼촌이 더 잘되어야 된다고 생각하려고 노력했다. 한편으론 아버지가 안 계신 삼촌이 안쓰러웠다. 아마 이때 철이 들었던 모양이다. 지금 생각하면 어린 시절에 철없이 삼촌과 싸웠던 게 기억에 남는다. 조카인 내가 너무한 것이 아닌가라는 생각이 들어 삼촌에게 미안한 마음이 든다. 그리고 이따금씩 보고 싶고 그리워지기도 한다.

가족을 위해 선택한 삶

나는 돈을 벌어 큰집을 지어서 할머니, 아버지, 어머니, 삼촌에게 방 한 칸씩 주고 함께 잘살아보리라 생각했다. 사춘기 때는 공부보다 돈을 벌어야겠다고 생각했다. 그렇게 생각하고 들어가게 된 곳이 '노라노'라는 양재 학원이었다.

1970년대에는 여자가 할 일이 그리 많지 않았다. 그때 전주에서는 의상실이 돈을 잘 버는 사업이었다. 그래서 학원에 들어가 열심히 옷 만드는 일을 배웠다. 그러나 학원을 졸업하고, 의상실에서 일을 배우며 꿈을 키우기도 전에 우리 남편을 만나 결혼을 하게 된 것이다. 그리고 첫 애를 낳자마자 퇴직하여 석재 사업을 시작하였다.

처음부터 국내가 아닌 수출을 목표로 일을 하였다. L/C(신용장), INVOICE(청구서) 등 수출하기 위해서는 영어를 알아야 했고, 수출국이 일본이기 때문에 일본어도 할 줄 알아야 했다. 사업을 하면서 대학교 졸업장이 없어서 아쉬운 점은 거의 없었다. '내가 못하는 것은 잘하는 전문가를 쓰면 되지. 내가 언제 그것들을 다 배워서 사업을 하나?'라고 생각했다. CEO로서 경영, 관리, 영업 등에 관련된 일을 잘 관리하면 된다고 생각했다. 나는 그러한 마음을 가지고 내가 할 일에 최선을 다했다.

도전하기에 늦은 때는 없다

그렇지만 사회생활을 하면서 이력서에 학력을 적어 넣는 것이 필요하게 되자 누가 뭐라고 하지 않아도 나 스스로 작아지는 느낌을 받았다. 그래서 이제라도 공부를 해야 되겠다고 생각하여 나에게 필요한 학과를 선택했다. 늦게 시작한 공부지만 필요하다고 깨달았던 공부이기 때문에 무척 행복했다. 하고 싶은 것을 한다는 것은 언제나 즐겁고 기쁜 일이기에 힘들고 어려운 것도 느끼지 못하고 공부에 매진했다. 돌을 다루는 미술대학 조소과를 석사로 마치고 우연히 작가가 될 기회까지 얻게 되어 지금 이 글을 쓰고 있다. 이 글을 쓰면서 밤을 새우는지도 모르고 행복했다.

어린 시절부터 대가족 가운데서 성장했기 때문에 나 말고도 주변 사람들을 생각할 수밖에 없었다. 가족들에게 도움이 되기 위해서 누구에게도 의지하지 않고 끊임없이 도전하는 삶을 선택했던 것 같다. 돈을 벌어 가족을 행복하게 해 주기 위해 양재 학원에 들어가서 의상 일을 배웠던 것도 같은 맥락이었다. 여자 몸으로 석재업에 뛰어들어 힘든 일에도 좌절하지 않고 고군분투했던 것은 가업을 잇기 위한 몸부림이었다. 공부가 사업을 하는데 필요하다고 생각해 늦게라도 대학에 입학해 당당하게 공부할 수 있었다.

도전하는 삶은 아름답다. 가족을 행복하게 해 주기 위해 나는 지금껏 수많은 도전을 하면서 살아왔고, 앞으로도 내 자신과 가족과 회사를 위해 계속해서 나의 한계를 정하지 않고 끊임없이 도전해 나갈 것이다. 나는 목표를 설정하고 이러한 목표를 이루기 위해 최선을 다할 것이다. 이렇게 노력한 시간만큼 값진 결과를 얻어 낼 것이라고 확신한다.

"No" 할 수 있는 용기
말 한마디의 신중함
기초공사의 중요성
소탐대실(小貪大失)
임기응변의 달인이 되라
불가능은 없다
할 수 없는 일은 거절하라
큰 돌과 작은 돌의 가치

2장

사업에
대한 철학

1 "No" 할 수 있는 용기

무엇이 옳은 것인지 스스로 결정을 내려야 한다.
죄책감 없이 거절을 할 수 있게 된다면,
우리는 인생을 확실히 자신의 것으로 만들 수 있다.

〈앤드류 매튜스〉

도면 없이 찾아온 고객

어느 날 오래전에 물건을 납품했던 거래처에서 다시 주문을 하고 싶다며 찾아왔다. 그런데 사장님의 얼굴이 낯설어서 물어보니 그 사이 주인이 바뀌었다고 한다. 소개를 받고 일부러 우리 회사까지 오셨다고 해서 더욱 반갑게 맞아 주었다.

이 사장님은 납골묘 의뢰가 처음인지 도면도 준비하지 않은 상태에서 다짜고짜 일을 해 줄 수 있느냐고 물었다. 난감했지만 정확하게 말씀드렸다.

"도면이 준비가 되어 있어야 일을 할 수 있습니다."

그분께서는 알았다고 대답하고 돌아가셨다. 그런데 다음에 왔을 때도 도면 없이 현장 사진만 보여 주고 견적을 내달라고 요구하셨다. 도면을 보여 줘야 견적을 정확하게 낼 수 있다고 말했는데도, 계속 막무가내로 견적을 요구해서 어쩔 수 없이 견적을 대략 내줬다. 고객이 왔으면 기분이 좋아야 하는데 이상하게 마음이 편하지 않았다. 어쩐지 이 주문은 받고 싶지가 않았다.

같은 사장님이 세 번째로 찾아오셨다. 이번에는 우리 회사 안으로 들어오지 않고 문 앞에서 서성이다가, 사장인 내가 나가서 맞이하지 않자 우리 부장에게 이런 말을 남기고 되돌아갔다.

"이 집은 일할 맘이 없나 봐? 손님이 와도 내다보지 않네?"

도면이 대충이면 견적이 정확하지 않다

그 후로 그 사장님으로부터 아무런 소식이 없었다. 나는 그분께서 우리에게 의뢰하는 것을 단념하셨다고 생각했는데, 열흘 정도 지나자 다시 연락이 왔다. 이번에도 역시 대략적인 도면을 가지고 오셨다. 마음이 답답했다. 견적을 내기 전에는 반드시 주문하는 물건의 모양과 형태를 세부적으로 보여 주는 도면이 있어야 한다고 누차 설명을 드렸는데, 이분은 도면을 너무 소홀히 생각하셨다. 이번에도 나는 어쩔 수 없이 대략적으로 견적을 내줄 수밖에 없었다.

네 번을 만나도 정확한 도면이 나오지 않자, 계속 이러한 상황이 반복되면 안 되겠다 싶어서 내가 직접 현장을 가 보기로 했다. 가 봤더니 아닌 게 아니라 그분이 보여 준 도면과 실제 현장의 여건이 전부 달랐다. 바닥에 광도 내야 하고, 가공해야 할 부분도 많았다. 현장을 살펴보고 견적을 다시 내야만 했다.

그런데 그쪽에서는 가격이 처음과 너무 차이가 난다고 불만을 표시했다. 나를 마치 사기꾼처럼 대하는 그 사장님의 태도에 화가 났다. 감정을 추스르고 무엇이 문제인지 말씀드렸다.

"그것 보세요. 제가 그렇게 여러 번 정확한 도면이 필요하다고 이야기하지 않았습니까? 이제 와서 이렇게 이야기하시니까 서로 신뢰가 없지 않습니까?"

"No"라고 말할 수 있는 용기

게다가 그 사장님은 1mm 오차도 없이 작업을 해달라고 요구했다. 도면부터 견적을 내는 일까지 내가 부탁했던 부분은 제대로 준비하지 않고서 완벽하게만 일해 달라고 하는 것이었다.

"컴퓨터로 하는 것도 아니고, 사람이 하는 일인데 1mm 오차도 없이 만든다는 것은 말이 안 됩니다. 마이너스 플러스, 빠지는 쪽 그리고 더하는 쪽을 합해서 최소한 3mm 오차는 봐 줘야 일을 할 수 있습니다. 그것도 최선의 노력을 했을 때 가능한 일입니다."

다소 강한 어조로 우리가 일하는 방식을 그 사장님께 전달하고 돌아왔음에도 또다시 전화가 왔다. 일에 대한 의견 차이가 좁혀지지 않아서 오랜 고민 끝에 결국 그 일을 하지 않겠다고 정중히 거절을 했다.

그 당시, 우리 회사에 일이 많지 않아서 해 볼까도 생각했지만 그 사장님의 말이 계속 바뀌니까 더 이상의 신뢰가 생기지 않았다. 급하다고 내키지 않은 일을 시작할 수는 없는 노릇이었다. 이 상태로 일을 진행하다 보면 나중에는 분명히 문제가 생길 것 같은 예감이 들었다.

지금까지 나는 어떤 거래처에서 의뢰가 들어와도 정확한 도면과 주문의 형태를 파악했을 때에만 일을 해 왔다. 그래야 실수 없이 제품을 의뢰한 분이 원하시는 대로 만들어 드릴 수 있다. 그렇게 해야 거래처도 우리가 만든 물건에 만족하게 되는 것이다.

CEO는 "No"라고 말할 수 있는 용기가 필요하다. 회사 상황이 어렵다고 해서 정확하게 이해되지 않거나 확신이 들지 않은 일을 억지로 하게 되면 나중에 더 큰 것을 잃을 수도 있게 된다. 급하다고 아무거나 먹으면 결국엔 체하기 마련이다. 급할수록 점검해야 한다. 좀 늦어지더라도 돌아갈 필요가 있다. 중요한 것은 일을 얼마나 빨리 하느냐보다, 일을 얼마나 정확하게 하느냐는 것이다.

2 말 한마디의 신중함

> 말이 있기에 사람은 짐승보다 낫다.
> 그러나 바르게 말하지 않으면
> 짐승이 그대보다 나을 것이다.
>
> 〈사아디〉

의심이 많은 고객

우리 회사를 찾는 고객들은 대부분 남자다. 그래서 사장인 내가 여자라는 점이 고객과의 협상을 할 때, 대화를 부드럽게 하는 윤활유가 되기도 한다. 하지만 이와는 반대로 여사장이라고 우습게 보고 말을 함부로 했다가 계약을 성사하지 못하고 돌아가는 고객들도 있다. 지인의 소개로 납골당 문의를 했던 한 남자분도 그랬다.

보통, 고객들이 오면 나는 먼저 고객의 이야기를 자세히 들어본다. 납골묘를 만들고 싶은 장소와 크기 그리고 어떤 모양을 원하는지를 체크하고, 고객이 가져온 도면을 확인한 후에 적합한 납골묘를 추천해 준다. 그런데 이분은 뭐가 그리 급한지 상담도 하지 않고, 오자마자 카탈로그를 보고 맘에 드는 납골묘의 가격부터 물어보셨다.

"여기 60기짜리 납골묘는 얼맙니까?"
"작업하기가 까다로운 모델을 고르셨네요. 세심하게 돌을 다듬어야 하기 때문에 이 납골묘는 약 1,500만 원 정도 합니다."
"네? 뭐가 이렇게 비싸요? 종이와 볼펜을 가져와 보세요."

그 고객은 납골묘에 대해 어설프게라도 알고는 있었는지, 납골묘의 지붕과 기둥의 크기가 얼마일 경우에는 가격이 어느 정도 하는데 내가 제시한 가격이 왜 이렇게 비싼지에 대해 불쾌한 표정으로 조목조목 따지기 시작했다. 다짜고짜 의심하는 이 고객의 태도에 나는 마음이 상하고 말았다.

비싼 데는 다 이유가 있다

"사장님께서 저에게 견적을 부탁하셨죠? 저는 견적을 부탁한 적이 없습니다. 이 가격에 하시겠으면 하시고 아니면 안 하셔도 됩니다."

나의 단호한 반응에 어리둥절한 표정을 지었다. 지인의 소개로 온 고객임에도 불구하고 거래의 성사 여부를 내가 먼저 강하게 이야기한 데는 이유가 있었다. 우리 회사에서는 납골묘를 시공할 때 제일 좋은 A급 돌을 사용한다. 돌이 단단하고 질이 좋아야 납골묘가 오래갈 수 있기 때문이다. 그런데 그 고객은 납골묘에 대한 정확한 이해가 없이 값이 싼 경계석으로 납골묘 가격을 책정하고서는 내가 제시한 가격이 비싸다고 한 것이다.

경계석과 납골석은 큰 차이가 있다. 경계석은 C급의 돌로, 자동화된 시스템을 활용해 똑같은 규격의 돌을 제작하기 때문에 하루에 몇 차라도 생산할 수가 있다. 반면 납골묘에 사용되는 돌은 A급으로 돌마다 규격이 달라서 일일이 손으로 자르고 다듬어야 한다. 시공 후에 누수가 있으면 안 되기 때문에 섬세함과 정밀도가 요구된다. 대신 한번 만들어 놓으면 그 어떤 돌로 만든 납골묘보다 변질이 없고 오래 사용할 수 있다.

복을 비는 마음으로 말을 해야 한다

"돌 값이 얼마나 싼데!"

경계석과 납골묘에 사용되는 돌과 작업이 이렇게 차이가 나는

데도 이분은 너무 쉽게 납골묘를 생각하셨다. 납골묘가 왜 비싼지 설명을 듣기도 전에 마치 나를 도둑처럼 대하며 직접 견적을 내겠다고 따지셨던 것이다. 나는 그분의 그러한 태도에 불쾌감을 느꼈다. 그분이 가신 뒤에도 하루 종일 기분이 좋지 않았다. 이틀 정도 지난 후 그 고객으로부터 전화가 왔지만 길게 고민하지 않고 이렇게 내 뜻을 전달하고 거래를 마무리 지었다.

"저는 정직과 신용을 중요하게 생각하면서 30년 가까이 이 사업을 해 온 사람입니다. 오래갈 수 있는 튼튼한 납골묘를 만들겠다는 마음으로 정직하게 최선을 다해 일을 해왔습니다. 그렇기에 고객을 속여서 이득을 더 취하겠다고 생각해 본 적은 단 한 번도 한 적이 없습니다. 사장님께 당부의 말씀을 드린다면 납골묘는 집안의 복을 빌기 위해서 하는 중요하고 의미 있는 일입니다. 다른 석재 회사에 의뢰하시더라도 그 회사를 신뢰하면서 기쁜 마음으로 진행하시기를 바랍니다."

납골묘는 후손들과 시공하는 회사가 모두 복을 비는, 정성 어린 마음으로 만들어야 한다. 그래서 지금까지 고객들의 납골묘를 시공할 때 내 조상을 위한 곳이라고 생각하며 최선을 다해 왔다. 그렇기에 나를 신뢰하지 못하는 고객의 주문을 기쁜 마음으로 제작할 자신이 없었다. 어떻게든 고객의 기분과 요구 조건에 맞춰서 일을 시작하더라도 진행하는 과정에서 잡음이 생길 가능성이 크다. 처음에는 그러한 일이 일어나지 않는다 하더라도, 일을 하는 과정에서 고객에게 반드시 트집을 잡히거나 비싸다는 얘기를 또 듣게 될 것이 뻔했다. 그래서 처음부터 단호하게 결정한 것이다. 내가 마음을 다해 할 수 없게 된 일이라면 단호하게 고객에게 내 의사를 밝히는 것이 무엇보다 중요하다.

거래를 결정짓는 말 한마디의 신중함

좋은 제품을 좋은 가격에 살 수 있음에도 불구하고, 말을 함부로 했다가 오히려 원하는 제품을 얻지 못하는 고객들이 있다. 사업을 하다 보면 말 한마디에 잘될 것 같던 거래가 뒤집어지는 경우를 종종 봐 왔다. 그러한 사람의 경우 상대방을 믿지 않고 무조건 의심부터 한다. 그렇기에 상대에게 건네는 말은 화살과 같이 뾰족하여 듣는 사람의 심기를 불편하게 만든다. 이러한 행위는 결국에는 자기 자신에게 되돌아오게 되어 있다. 사장인 나의 입장에서도 그렇고, 고객의 입장에서도 마찬가지다. 지나고 나면 '더 친절할 걸…더 진지할 걸…….' 후회하게 된다.

그날 이후로 사람들을 만나서 대화를 하면 기분 좋은 대화가 될 수 있게 하려고 노력한다. 나도 완벽한 사람이 아닌지라 더러는 무의식중에 상대방에게 상처를 주거나 무시하는 말을 할 수도 있다. 그래서 상대방의 심기를 상하지 않게 하도록 매사에 신중히 말하려고 신경 쓴다.

말이라는 것은 상대의 기분을 배려하면서 조심스럽게 해야 하고, 슬픔과 노여움보다는 기분을 좋게 하는 도구가 되어야 한다. 또한 대화를 하는 경우라면 상대방을 즐겁게 하는 방향으로 이끌어 나가야 한다. 혹시 내가 생각하는 바와 상대방의 생각이 다를 때는 무조건 의심을 할 것이 아니라 상대방이 왜 그렇게 생각했는지 이해하려는 노력이 필요하다. 나에게는 아무렇지 않은 말로 느껴질 수 있으나 이러한 말을 들은 상대의 기분은 내가 생각한 것과는 다를 수 있기 때문이다. 그렇기에 말 한마디를 하더라도 조심, 또 조심을 해야 하는 것이다.

3 기초공사의 중요성

가장 높은 곳에 오르려면
가장 낮은 곳부터 시작하라.

〈푸블릴리우스 시루스〉

기초가 튼튼해야 오래 간다

10년 전 얘기다. 어느 날 충북 제천에서 70세 중반쯤 돼 보이시는 할아버지께서 납골묘를 알아보던 중에 천일석재에 대한 소문을 들고 전화를 하셨다. 그 할아버지께서는 전화로 납골묘에 대한 여러 가지를 물어보셨다.

"가격이 좀 비싸네요."
"가격을 낮추시려면 어르신께서 바닥 공사를 직접 하시면 됩니다."
"바닥 공사를 왜 해요?"

"바닥 공사가 잘되어 있어야만 튼튼한 납골묘를 지을 수 있습니다."

그분께서는 전화로 내 설명을 듣고 공감을 하셨는지 더 이상 가격을 묻지 않으셨다. 그 대신 더 자세한 이야기를 듣고 싶어서 우리 회사로 찾아오셨다. 그분은 아침에 제천을 출발해서 원주, 대전을 거쳐 버스를 세 번이나 갈아타고 늦은 오후가 되어서야 익산에 도착하셨다. 일부러 먼 길을 달려오신 할아버지께 더 정성껏 설명을 해드렸다.

"바닥 공사를 왜 콘크리트로 해요? 다른 데는 다 석회로 하던데요?"
"석회로 하면 몇 년 갈까요?"
"글쎄……. 몰라요."
"납골묘가 몇 년 가기를 바라세요?"
"뭐, 오래가야지."
"몇백 년은 가야겠지요? 5년, 10년 가려고 만드는 거 아니잖아요. 이런 건물이야 지어 놓고 부족한 부분이 있으면 수리하고, 청소해서 쓰면 된다지만 납골묘는 기초가 튼튼하지 않으면 금방 허물어져요. 납골묘의 돌은 깨지면 다시 이어 붙일 수도 없어서 쓸모가 없어요. 그래서 기초가 튼튼해야 합니다."

그렇게 먼 길을 달려와 이것저것 물어 보시던 75세 할아버지께서는 나의 설명을 듣고, 바로 계약을 하고 기쁘게 돌아가셨다.

물렁 땅 위에 튼튼한 납골묘를 세우다

　기초를 하러 그곳에 갔는데 세상에, 물렁 땅이었다. 대부분의 땅은 포클레인으로 다져지는데 그곳은 스펀지 같았다. 이쪽으로 가면 저쪽이 가라앉고, 저쪽으로 가면 이쪽이 가라앉는 식이었다. 안 되겠다 싶어서 흙을 파내고 기초공사를 먼저 한 다음 그 위에 납골묘 공사를 시작했다. 그렇게 해서 완성된 모습은 정말 아름다웠다.

　"그나저나 내가 천일석재를 안 만났으면 어땠겠어요? 버스를 몇 번 갈아타더라도 찾아가길 정말 잘한 거 같아요. 다른 데는 그냥 석회 가루를 쓴다고 했는데 아닌 게 아니라 이 땅에 석회를 깔았으면……."

　공사가 끝나고 나서도 몇 번이나 이 말씀을 반복하셨다. 할아버지가 고마워하시는 것 이상으로 나도 행복했다. 기초공사 하나만으로도 신뢰를 얻을 수 있었다.

돌은 3mm 이상 차이가 나면 안 된다. 사실 3mm도 크고, 1~2mm 오차까지 줄여야 한다. 돌이 정밀하게 서 있어야 돌문이 열리고 닫힐 때 부드럽게 된다. 조금만 기울거나 틀어져도 돌문이 열리거나 닫히지 않는다. 돌이 똑바로 세워져 있으려면 기초가 튼튼해야 하는 것은 당연한 이치다. 기초부터 튼튼하게 공사하기 때문인지 지금까지 시공을 해 준 고객들로부터 문제가 있다는 전화를 한 통화도 받아본 적이 없다. 내가 공사를 한 납골묘들은 몇 백 년은 잘 보존될 것이다.

내 집을 짓는 마음으로

납골묘는 대개 집안에서 제일 똑똑하고 잘 아는 분들이 앞장서서 도맡아 하신다. 그리고 큰 납골묘를 만들 때는 종종 대가족이 모인다. 게다가 100기 크기의 납골묘가 있으면 다 채워지기까지 시간이 오래 걸린다. 그렇기 때문에 성의를 다해서 납골묘를 잘 지어야 한다.

돌은 A/S가 안 된다. 돌의 특성상 깨지면 새로 다시 만들어야 하기 때문에 처음에 공사를 할 때 잘해야 한다. 가끔 다른 곳에서 납골묘를 했는데 우리 회사에 A/S에 대해 물어보고 요청하는 사람들이 있다. 하지만 우리는 정중히 거절한다. 괜히 잘못 손댔다가 낭패를 당하는 일이 생길 수 있기 때문이다. 돌은 유리와 같아서 깨지면 그만이다. 잘못되면 약이 없고, 수선도 어렵다.

고객이 주문하는 제품은 작던 크던 내 집, 내 것, 우리 것이라 생각하고 만든다. 그러면 기초부터 하나하나 세심하게 신경 쓰지 않을 수 없다. 이렇게 제품에 정성을 들이면 좋은 제품이 만들어질 수밖에 없고, 고객의 신뢰는 당연히 따라오게 되어 있다. 신뢰의 기초 위에 만들어진 관계는 오랫동안 지속될 수 있는 것이다.

4 소탐대실(小貪大失)

인생의 가장 큰 저주란 목마름이 아니라
만족할 줄 모르는 메마름이다.

〈송길원 목사〉

우리나라 납골묘의 특징

천일석재가 일본에 처음 수출한 것이 묘비석이었다. 쉽게 말해
서 사람이 죽었을 때 화장해서 모시는 납골묘에 쓰이는 돌이다.
장례 문화가 매장(埋葬)에서 화장(火葬)으로 바뀌어 가면서 납골묘
가 관심을 끌게 되었다. 머지않아 우리나라의 장례 문화에 변화가
있을 것이라는 예상을 하고, 우리 회사는 다른 석재 회사들보다 빨
리 납골묘 제작을 시작했다.

초창기에는 주로 일본으로 수출을 했고, 국내 수요가 생기면서
부터는 우리 실정에 맞게 개발을 해 나갔다. 내가 직접 도면을 하

나하나 그리고 디자인을 했다. 납골묘에 사용되는 돌은 다른 석재 회사들과는 달리 조각을 내지 않고, 통 돌의 우수성을 살릴 수 있는 방법으로 다듬었다. 이렇게 우리 회사만의 브랜드를 만들어 갔다.

〈우리나라의 납골묘와 일본 납골묘〉

천일석재의 납골묘는 일본의 납골묘와 내용은 같지만 디자인 과 규모에 있어서는 차이가 있다. 예를 들어 일본은 2기, 3기, 4기, 5기……. 이렇게 소규모 가족 단위의 작은 납골묘를 선호한다. 반 면 우리나라는 사후에도 큰아버지, 작은아버지, 사촌까지 함께해 야 한다는 대가족 단위의 생각이 지배적이다. 그래서 천일석재의 납골묘는 일본의 납골묘에 비해 10기, 20기, 30기, 50기~100기처럼 납골묘의 단위가 다르고, 건물 형식을 따르기 때문에 규모가 크다.

납골묘의 두 가지 큰 장점

옛날에는 명절에 큰집으로 다 모이기 때문에 친인척들과 가깝게 지낼 수 있었지만, 요즘은 핵가족 시대라 친인척들이 많이 모이지 않는다. 사촌도, 팔촌도 모르는 경우가 태반이다. 납골묘를 만들게 되면 온 가족이 다 모일 수 있게 되므로 핵가족 시대에 납골묘는 핵가족 시대의 단점을 보완할 수 있게 해주는 장묘 문화이다.

그래서 납골묘로 인해 환경을 훼손하지 않으면서도 공원 한쪽 공터나 집안 한쪽 구석에 납골묘를 설치할 수 있도록 법규가 조정되기를 바란다. 조상을 모시는 특별한 장소를 혐오 시설로 규정하는 것은 참으로 슬픈 일이다.

우리나라에서 납골묘가 시작된 초창기에는 국가에서 적극적으로 권장을 했다. 국토가 작기 때문에 매장 문화를 화장 문화로 바꾸는 것이 효율적이라고 생각했던 것 같다. 그래서 납골묘를 하는 사람들에게 국가에서 많은 보조를 해 주었다.

산으로 간 납골묘, 돈보다는 환경이 먼저!

우리나라 법에 납골묘는 마을에서 200m, 도로에서 300m 떨어진 곳에 있어야 한다는 내용이 있다. 외국처럼 납골묘를 빈터에 만들어 놓으면 통 돌로 제작해서 쉽게 옮길 수 있고, 관리하기도 좋은데 혐오 시설로 규정하기 때문에 산속에 설치할 수밖에 없다.

그러나 납골묘는 산소처럼 비스듬한 땅에는 세울 수가 없다. 반듯해야만 1~3mm 오차 내에서 납골묘를 세울 수 있다. 그러다 보니 산 한쪽을 다 깎아 내는 일이 많아졌다. 100기, 200기, 300기처럼 납골묘의 규모가 커질수록 산모퉁이가 다 드러날 정도로 산을 헐어 내야만 했다.

"너무 크게 하지 마시고, 일단 만들어 놓고 점점 늘려 가세요."
"조경 시설은 하지 말고 우리나라 묘처럼 둥그렇게 해 놓고, 거기에 철쭉 심고 나무 심어서 그냥 가꾸세요."

큰 납골묘에 조경 시설까지 멋지게 갖추려는 고객들을 만나면 돈을 적게 벌지언정 소신 있게 조언을 하며 사업을 해 왔다. '자신이 없나보다.' 생각하는 고객도 있었지만 돈보다는 환경을 먼저 생각했다. 그렇게 큰 공사들은 환경을 해치기 때문에 바람직하시 않다고 생각했기 때문이다. 돈을 많이 벌지는 못했어도 후회는 없다.

욕심이 지나치면 잃는 것이 많다

그런데 나만 양심 있게 일을 한다고 되는 일이 아니었다. 납골묘가 돈이 된다는 소문이 나자 욕심을 부리는 사람들이 많아졌다. 500기, 1,000기처럼 지나치게 큰 납골묘를 짓기 시작한 것이다. 그러면서 아름다운 산을 깎아 놓는 일들이 생겨났다.

환경이 훼손되다 보니 환경 단체들이 들고 일어나서 나라에서도 더 이상 납골묘 지원을 해 줄 수 없게 되었다. 납골묘 사업자들이 소비자들의 입장과 환경을 생각하면서 조금만 덜 욕심을 내었다면 얼마나 좋았을까 아쉬움이 남는다.

'소탐대실(小貪大失)'이라는 고사성어가 있다. 작은 것에 욕심을 부리다가는 더 큰 것을 잃게 된다는 뜻이다. 지금은 눈앞에 있는 것이 크게 보여 앞뒤 생각하지 않고 자신의 이익을 먼저 생각하면, 갖고 있는 것마저 놓치게 된다. 우리는 혼자가 아니라 함께 잘살 수 있는 길을 모색하는 것을 늘 염두에 두어야 한다.

5 임기응변의 달인이 되라

교토삼굴(狡兎三窟)

지혜로운 토끼는 구멍 세 개를 파 놓는다.
갑작스러운 난관에 대처해 미리 준비하라.

열악한 현장에서의 공사 의뢰

가톨릭신문에 '천일석재 납골묘' 광고를 낸 후 용인 천주교 공원묘지에서 의뢰를 많이 받았다. 지금 이야기하는 분도 그 신문을 보고 전화를 주신 천주교 신자였다. 공원묘지 안에 납골묘를 짓고 싶다고 의뢰를 해 왔다. 계약하기 전에는 항상 현장을 먼저 답사하는 나의 습관대로 용인 천주교 공원묘지를 찾아갔다.

"무슨 여자가 납골묘를?"

납골묘 의뢰인의 첫마디가 이랬다. 늘 들어 왔던 말이라 크게 신경 쓰지 않았다. 그보다 현장 여건이 너무 좋지 않았다. 무거운 돌덩이를 짊어지고 꼬불꼬불한 묘 사이로 30m 이상을 걸어가야 하는 위치에 납골묘를 의뢰한 것이다. '너무 어려운 공사가 될 것 같다. 돈도 좋지만 이 공사는 안 하고 싶다.'는 생각이 들었다. 그렇게 며칠이 지났고 그 의뢰인에게서 전화가 왔다.

"사모님, 납골묘 주문 안 했으면 했는데, 하시게요?"

아차! 나도 모르게 본심이 전화기 너머로 흘러나오고 말았다. 주문이 안 왔으면 좋겠다고 생각했는데, 열흘 정도 지나자 의뢰인에게서 전화가 온 것이다. 내 대답이 너무나 솔직했는지 그쪽에서 깔깔깔 웃으셨다. 그곳의 지형이 납골묘 공사를 하기에는 너무나 열악한 곳이었기 때문이었다.

방법을 찾아 공사를 시작하다

그 고객은 무조건 공사를 해 달라고 부탁했다. 고민 끝에 알았다고 대답하고 계약을 했다. 직원들과 어떻게 공사를 하면 좋을지 몇 가지를 의논했다.

'돌의 중량을 어떻게 줄여 볼까?'

시공 장소까지 돌을 운반하자면 아무래도 돌의 무게를 무시할 수 없었다. 그렇다고 통석을 사용하지 않고, 얇고 무게가 덜 나가는 돌을 사용할 수는 없었다. 곁에서 볼 때는 가볍고, 크고, 화려해 보이지만 납골묘에 사용하기에는 너무 약하기 때문이다.

'돌은 무식하게 두껍고 튼튼해야 좋다. 그래야 오래간다.'

석재 회사를 운영하는 CEO로서 평소 나의 사업 철학이다. 돌이 얇으면 그 위에 무언가를 던졌을 때, 금이 쫙 간다. 유리와 같아서 금방 수(壽)를 다한다. 누가 지나가다가 납골묘에 돌을 던질지 모르지 않나? 몇십 년, 몇백 년이 가야 할 납골묘인데, 그렇게 약하게 만들고 싶지는 않았다.

'구불구불한 길을 따라 어떻게 돌덩이를 운반할 수 있을까?'

책상에 앉아서 어떻게 돌을 운반할지 이틀을 고민했다. 크레인 회사와 합의를 봐야겠다는 생각이 떠올랐다. 큰 크레인이 무거운 돌을 든 상태에서 얼마나 길게 뻗칠 수 있는지 크레인 회사에 물어봤더니, 20m를 뻗어줄 수 있다고 했다. 그래서 바로 그 크레인 회사와 계약을 했고, 즐거운 마음으로 공사를 준비했다. 기운 센 사람으로 공사 인부도 몇 명 더 구해 두었다.

현장은 늘 예상 밖이다

그때가 납골묘로 인해 최고로 바쁜 해였다. 내가 가야 하는데 다른 일정이 있어서 직원을 용인 공사 현장에 대신 보냈다. 그런데 문제가 생겨 버렸다. 크레인이 20m를 뻗어 주기로 약속하고서는 10m밖에 뻗어 주지 않은 거다.

"이걸 누가 들고 갑니까? 조금만 더 힘써 주세요. 대신 더 사례하겠습니다."

내가 그 자리에 있었다면 돈이라도 더 주고 최대한 뻗어 달라고 떼를 쓰면서 부탁을 했을 텐데, 결국 크레인 기사는 도움을 주지 않고 돌아가 버렸다.

사람들이 무거운 돌덩이를 20m나 짊어지고 가야 한다는 전화가 현장에서 걸려 왔다. 당장 달려가고 싶을 정도로 가슴에서 열불이 났다. 그러나 용인까지는 차로 3시간 반이 걸리기 때문에 내가 당장 달려간다고 해도 도착했을 때는 이미 일이 끝나 버린 후일 것이다. 결국 현장에 가지 못했다.

할 수 없이 현장에서는 사람들이 무거운 돌을 다 옮겼다. 납골묘를 의뢰한 사모님은 "으샤 으샤." 소리 내며 인부들을 따라다니다가 병이 나서 사흘을 입원했다고 한다. 우리 직원들도 어깨가 아파서 도저히 일을 못하겠다고 울다시피 나에게 전화를 했다. 힘내라는 응원의 말밖에 할 수 있는 일이 없었다. 마음이 아팠다.

임기응변의 달인이 되라

일을 잘 마무리한 뒤에는 의뢰인이 직원들에게 수고했다면서 수고비를 더 주셨다고 한다. 덕분에 직원들은 고생은 했지만 힘이 났고, 피로도 조금은 풀렸을 것이다. 나 역시 우리 직원들이 돌아왔을 때 고생한 만큼 수고비를 주었고 이틀간 쉬는 시간까지 주었다.

직원들의 퉁퉁 부은 어깨를 보고 미안함과 함께 얼마나 가슴이 미어지던지. 마치 내 몸이 아픈 것만 같았다. 그렇게 직원들의 어깨를 잡고 눈물이 났던 순간을 평생 잊을 수가 없다.

현장에 가면 항상 계획대로 일이 진행되는 것은 아니다. 생각하지 못했던 일이 수시로 발생한다. 현장은 원래 그런 곳이다. 그래서 문제가 발생했을 때 비용을 줄이려는 생각을 앞세워 우물쭈물했다가는 더 피해가 커진다. 그렇기 때문에 사장은 여러 상황들을 예측하고 준비를 해둬야 한다.

사장은 임기응변(臨機應變)에 능해야 한다. 뜻밖의 일을 당했을 때 재빨리 그에 맞게 대처하는 일에 뛰어나야 한다는 것이다. 사장의 빠르고 정확한 판단이 직원들의 안전을 좌우하고, 고객에게는 만족스러운 결과를 안겨 줄 수 있다. 그래서 사장의 위치는 참 어려우며, 어려운 만큼 중요하다.

6 불가능은 없다

불가능, 그것은 나약한 사람들의 핑계에 불과하다.
불가능, 그것은 사실이 아니라 의견일 뿐이다.
불가능, 그것은 영원한 것이 아니라 일시적인 것일 뿐이다.
불가능, 그것은 도전할 수 있는 가능성을 의미한다.
불가능, 그것은 사람들을 용기 있게 만들어 주는 것이다.
불가능, 그것은 아무것도 아니다.

〈'아디다스' 광고 中〉

6톤 기와지붕을 올릴 수 있을까?

지금 생각해도 아찔했던 공사 현장이 있다. 아마 똑같은 주문이 다시 들어온다면 못한다고 말할 것이다. 그만큼 위험하고 어려운 현장이었다. 그때의 기억을 거슬러 올라가 본다.

친한 지인의 처가에서 전통 기와지붕을 올린 납골묘를 의뢰했다. 그런데 그렇게 제작을 하면 지붕 무게만 무려 6톤에 달했다. 시공이 가능한지 현장에 가서 살펴보기로 했다. 무거운 지붕을 납골묘 위에 올리기에는 산의 지형이 너무나 험준했다. 그래서 안 되겠다고 답변했는데도 고객은 꼭 그 지붕으로 올려 달라는 주장을 굽히지 않았다. 안전한 방법을 찾기 위해 며칠 동안 고민한 끝에 방법을 찾아 공사를 하기로 계약을 했다.

드디어 공사 당일. 납골묘 터와 크레인이 들어갈 수 있게 길을 닦는 일부터 시작했다. 6톤 무게의 지붕을 올리려면 크레인이 50톤 이상은 되어야 했다. 큰 크레인이 올라가서 자리를 잡으려면 상당히 넓은 자리가 필요했다. 서산에 있는 크레인 회사에 전화를 해서 납골당을 만들 것이라고 설명하고 가장 큰 크레인을 불렀다.

진퇴양난의 상황, 기사의 마음을 돌리다

그런데 크레인 기사는 현장을 보고서는 위험해서 못하겠다고 돌아가려고 했다. 난감한 일이었다. 서산에는 50톤 크레인이 많지 않았다. 이 차가 한 번 나가면 다시는 들어올 차가 없을 것 같았다. 그러면 이 공사는 끝이다.

이렇게 상황이 진행되면 고객에게 미안한 것뿐만 아니라 나는 약속을 못 지키는 사람이 된다. 거기다 공사하려고 만들어 놓은 납골묘 재료들을 다시 가지고 가야 했고, 익산에서 데리고 온 직원들을 다시 데리고 돌아가야 한다. 손해가 이만저만이 아니었다. 어떻게 해야 하나? 진퇴양난의 상황에서 결정을 해야만 했다.

"안 됩니다. 못 나갑니다."

나는 크레인이 나가지 못하도록 차 앞에 넙죽 주저앉아 버렸다. 크레인 기사는 물론이거니와 그곳에 모인 사람들과 우리 직원들까지도 '세상에 이런 사람 처음 봤다.'며 놀라는 표정을 지었다.

"이 일 끝내지 못하면 못 나갑니다. 기사님이 가 버리면 이 공사는 못합니다. 저는 이분과의 약속을 지켜야 합니다."

"이 차가 뒤집어지거나 문제가 생기면 어떻게 하시겠어요?"

"제가 책임을 지겠습니다. 그 대신 기사님도 최대한 안전한 방법을 찾아서 튼튼하게 해 놓고 일을 해 주세요."

결국 기사는 어쩔 수 없이 크레인에 올라탔고, 일이 시작되었다. 6톤짜리 지붕이 크레인의 가느다란 선에 매달려 하늘에서 춤을 추는 모습에 등에서 식은땀이 비처럼 흘렀다. 차마 눈을 뜨고 있을 수가 없었다. 그게 떨어지면 납골묘가 부서지는 것은 둘째 치고, 그 밑에 있는 사람들 중에서 누가 깔려 죽을지 모르는 일이었다. 그 현장에 있던, 그 장면을 목격하고 있던 사람들은 거의 기절 직전이었다.

공사를 성공리에 마치다

흔들리는 지붕이 스스로 멈춰지기를 간절히 기도했다. 인력으로 멈출 수 있는 것이 아니었다. 돌기와 지붕이 하늘에 매달린 30분의 시간이 마치 석 달처럼 느껴졌다. 드디어 지붕이 공중에서 정지했고, 납골묘 위에 올려놓기 위해 서서히 내려가고 있었다. 거기에 있는 사람들이 다 숨을 죽이고 있었다. 드디어 성공! 얼마나 감사했는지 모른다.

그렇게 힘들게 공사를 마치고 100기 규모의 납골당에 99기까지 채워 놓고 나니 보기에 정말 아름다웠다. 납골묘를 주문한 회장님도 마음에 드셨는지 고맙다고 여러 번 인사를 하셨다. 평생에 잊을 수 없는 공사 현장이었다. 그 크레인 기사분과 연락이 된다면 그때 정말 감사했었노라고 말해 주고 싶다. 전화번호를 받아 두지 못한 게 지금까지도 너무 속상하다. 아마 죽을 때까지 그 고마움을 잊지 못할 것이다.

도전하라! 불가능은 없다

현장은 늘 사고의 위험이 도사리고 있다. 그래서 단단하게 다지고 또 다져서 준비하면 위험과 실수를 줄일 수 있고, 안전한 가운데 일을 마무리할 수 있다.

99명이 다 안 된다고 해도, 다각도로 고민하여 방법을 찾아낸 끝에 확신이 든다면 나는 꼭 그 일을 해낼 수 있다는 생각으로 항상 최선을 다했다. 그게 내가 일하는 방식이었다. 그렇다고 한 번도 즉흥적으로 일을 한 적은 없었다. 결정하기 전까지는 충분히 고민을 했다. 그래서 그런 건지 몰라도 그동안 작은 사고든 큰 사고든 단 한 번도 일어나지 않았다.

불가능은 없다. 모든 결과는 사람이 마음으로 만들어 내는 것이다. 한계를 스스로 정하는 순간 딱 그만큼이 자신이 이룰 수 있는 몫이다.

7 할 수 없는 일은 거절하라

식자우환(識者憂患)
학식이 있는 것이 오히려 근심을 사게 된다.

신뢰받으려면 할 수 없는 일은 거절하라

석재 일을 어설프게 알고 있는 고객들을 만나면 그들을 이해시키는 것이 일을 하는 것보다 몇 배 더 힘이 든다. 이와 관련된, 기억에 남는 고객이 한 명 있다. 여러 회사의 납골묘를 알아보셨는지 아는 것도 많고, 참 까다로운 분이셨다. 처음에는 내가 미덥지 못했는지 이런 저런 질문을 많이 하셨지만 결국엔 내 설명을 듣고 설득이 돼 공사를 시작하게 되었다.

바닥 공사를 하는 데 집안 식구들이 15명 정도가 모였다. 그중 건설 사업을 하는 분들이 일곱 분이나 계셨다. 대개 건설업을 하는 분들은 바닥 공사에 있어서는 대단한 전문가들이다. 나는 바닥 공사에 앞서 50mm 정도 틈이 생기는 오차는 이해해 줘야 한다고 말했더니 '우리가 하면 틈 하나 없이 할 수 있는데!' 하는 표정을 짓고 있었다. 직감적으로 바닥 기초공사를 맡으면 그 집으로부터 신뢰를 못 얻을 것 같은 느낌이 들었다. 그래서 모두 모인 자리에서 제안을 했다.

"이 가족들은 건설을 하시는 분들이 많으니까, 바닥 공사를 직접 하시는 게 좋을 것 같습니다. 기초공사에 있어서는 저보다 전문가 이신 분들이 여기 계시니까요. 저한테 하면 가격도 비쌉니다."

이렇게 설득해서 바닥 기초공사를 맡겼다. 그런데 전문가가 일곱이나 있는 집에서 기초를 해 놨는데, 바닥이 100mm가 떠 버렸다. 내가 했을 때는 최대 50mm 정도 밖에 안 뜨는데 말이다. 건물 짓듯이 납골묘 바닥 공사를 한 것이다. 건물은 조금 차이가 나면 나중에 보수공사를 해 나가면 된다. 그러나 돌은 그렇게 할 수가 없다. 그때부터 나를 신뢰하시는 것 같았다. 그리고 내가 진행하는 공사 과정을 아무 소리도 안 하고 지켜봤다.

다행히 공사는 성공적이었다. 그 가족들은 물론이거니와 주변에서도 우리 납골묘에 대한 소문이 자자했다. 특히 그 이웃에는 수원에서 굉장히 내로라하는 집안이 있었는데 그 집은 이미 납골묘를 했지만 우리 회사에서 공사한 납골묘가 자신들의 것과는 비교가 안 될 정도로 멋지다는 사실에 몹시 속상해했다고 한다.

그 집은 벽 한쪽에 돌이 4~5조각이 들어갔는데, 우리는 이음새 없이 통돌 하나로 깔끔하게 벽을 마무리했다. 그러니까 우리 고객들은 무척 행복해하셨다. 그 덕분에 나는 80명 정도가 모인 자리에서 그 가족들에게 감사패까지 받았다.

후에 들으니 그 이웃집은 공사를 잘못 맡겼다고 크게 후회했다고 들었다. 돈은 우리보다도 배는 더 들여서 했는데 결과는 우리 것에 비하면 너무 안 좋았다고 생각한 것 같았다. 우리는 통 돌에 기와까지 올렸는데 그쪽 집은 이도 저도 아니었으니 말이다.

"납골묘 공사요? 늘 하는 일인데요! 알았어요. 우리가 기초공사도 할게요."

만약 우리 회사가 기초공사까지 해 달라는 제안에 수락했다면 결과가 어땠을까? 아마 이런 대답을 들었을지도 모른다.

"이게 뭡니까! 바닥이 많이 뜨잖아요. 다시 공사하세요."

신중하게 대답하라

사업을 할 때는 자신도 없는데 무턱대고 "네!" 하고 대답하면 안 된다. 못하는 것은 솔직하게 인정하고 일을 시작해야 한다. 쉽게 생각하고, 제대로 이해하지 못한 상태에서 시작하면 결국 신뢰를 얻지 못하는데다가 실력도 인정받지 못하게 된다.

특히 계약을 할 때는 대충 "알았습니다." 하면서 계약을 하면 안 된다. 신뢰를 받을 수 있는지 없는지, 해낼 수 있는지 없는지 등 모든 것을 파악한 다음에 계약을 해야 한다.

어떤 일이든 주인 의식을 가지고 최선을 다한다면 어떤 상황에서도 좋은 결과를 얻을 수 있다. '기쁜 마음', '즐거운 마음', '사랑하는 마음'으로 일을 하면 맡은 일을 성공리에 마칠 수 있고 고객들에게도 그 마음이 전달되어 모두가 만족스러운 결과를 얻을 수 있을 것이다.

8 큰 돌과 작은 돌의 가치

정성이 지극하면 돌 위에도 꽃이 핀다.

〈명심보감〉

돌에도 꽃이 핀다 – 큰 돌

1978년 천일석재가 처음 일을 시작할 때에는 전국에 석재 회사가 몇 개에 불과했다. 그때는 석산에서 사람이 직접 도구를 이용하여 돌을 잘라 석재 회사로 보내오면, 지렛대를 이용하여 차에서 내리고 다시 지렛대로 밀어서 기계에 올려놓고 기계로 자르는 방식이었다. 잘라진 석제품을 하나하나 떼어서 포장을 하다 보면 시간도 오래 걸리고 능률도 나지 않아서 그때 가격이나 지금 가격이나 차이가 나지 않는다.

30년이나 지난 지금은 기계 시설이 좋아지고 장비를 이용하여 운반하기 때문에 대량 생산이 가능해졌다. 그러나 자재비와 인건비 등 모든 물가가 상승하여 가격을 올려야 하는데도 중국의 값싼 물건이 대량으로 수입되어 가격을 올릴 수 없는 상황이다. 이런 상황 속에서 경쟁력을 갖추어 이겨내는 것은 결국 각 회사의 CEO가 해결해야 할 일들이다. 어쩌겠는가. 엎친 데 덮친 격으로 석산도 반으로 줄고 300여 개에 이르던 석재회사 수가 지금은 175개로 줄어 운영되고 있는 상황인데…….

익산의 석제품은 특히 묘에 관련된 석제품(묘비석·둘레석)으로 많이 사용되고 있으며 일본에서도 묘비석으로 사용된다. 붉은색이나 검정색 돌보다 회색 계열의 검은 반점을 가지고 있는 황등석이 인기가 있다.

익산석이 1980년대부터 90년대까지 수출이 활발할 때는 일본 열도가 돌에 눌려 가라앉지 않을까 하는 생각이 들 정도로, 원석이며 석제품들이 하루가 멀다 하고 컨테이너에 엄청나게 실려 나갔다.

우리 회사도 1992년 11월에 '100만 불 수출 탑'을 받았었다. 큰 꿈을 안고 달려가다 IMF 외환위기 상황을 맞았고, 중국 시장이 개방되면서 일본은 중국으로 발길을 돌렸다. 값도 싸고 원자재도 다양하다 보니 중국 석재가 일본 시장뿐만 아니라 한국 시장에서도 많이 차지하게 되었지만, 지금은 익산의 석재 회사들도 경쟁력을 갖추어서 중국에 크게 밀리지 않고 있다.

최영 장군 부친의 유훈인 "황금 보기를 돌같이 하라."는 명언이 생각난다. 그런데 시대의 흐름에 따라 20세기부터는 돌이 황금이 되었다. 예전에는 주로 일본에 수출하여 달러를 벌어들였고, 이제는 국내 다양한 곳에서 석재가 활용되고 있다. 앞으로는 석재가 황금과 같은 가치 있는 물건이 되는 시대가 될 것이다.

보석에 다시 생명을 불어넣다 – 작은 돌

내가 얘기하는 작은 돌은 보석을 가리킨다. 보석에 대한 상징으로 그리고 교육의 장으로 활용하기 위해서 건립된 익산의 보석 박물관은 총 부지면적 141,990㎡ 규모의 왕궁보석테마 관광지 내에 1996년부터 시작하여 2002년에 완공되어 개관하였다.

익산 국가산업단지에는 1975년 수출화 산업으로 귀금속, 보석 가공 수출업체로 집단화하여 국내 유일의 귀금속 산업단지인 익산 귀금속 보석가공 산업단지가 조성되었다. 보석단지 내에는 직영 공장이 있어 중간 유통과정을 줄인 보석류가 보다 합리적인 가격으로 거래되고 있는 것으로 알고 있다.

봄, 가을에는 보석 축제도 열린다. 전국은 물론 세계에서 익산으로 보석을 구경하러 와서 구매해 가는 사람들이 늘어나고 있다. 익산 IC에서 3분 거리에 박물관이 있기 때문에 익산 시민보다는 타지 사람들의 편리함을 생각하고 그곳에 박물관을 지었을 것으로 생각된다. 보석의 도시인만큼 보석 박물관 안에 들어서면 눈이 부시게 화려한 것은 물론 전시되어 있는 보석들은 그 종류도 다양하다.

1980년대에는 큰 돌, 작은 돌로 눈부셨던 곳이 익산이었다고 생각한다. 그런데 보석 역시 중국의 값싼 제품에 밀려 판매가 부진한 것 같다. 익산시와 석재업체가 협력하여 돌에 꽃을 피우듯 보석에 생명을 불어넣기를 희망한다.

〈익산 보석 박물관 内 작품〉

위기는 기회다!
경쟁자와 더불어 살아가기
경청을 통해 배운다
신용은 부메랑처럼 되돌아온다
고진감래(苦盡甘來)
프라이드 자가용
접대보다는 제품 관리
상대방을 존중하는 언어

3장

성공의
법칙

1 위기는 기회다!

바람이 불지 않을 때
바람개비를 돌리는 방법은
앞으로 달려 나가는 것이다.

〈데일 카네기〉

갑자기 불어닥친 위기

우리 회사는 처음부터 국내가 아닌 일본을 주 영업 대상으로 삼아 사업을 했다. 처음에는 하청을 받아서 일을 하다가 '어떻게 하면 바이어와 직접 연결될 수 있을까?'라는 고민을 하게 됐다. 그러던 어느 날 좋은 방법이 떠올랐다. 제품 포장용 테이프에 일본어로 회사 이름과 전화번호를 새겨 넣기 시작한 것이다.

예감은 적중했다. 그동안 중간 업자를 통해 주문을 했던 일본 바이어들이 포장용 테이프에 새겨진 천일석재 전화번호를 보고 직접 주문을 해 오기 시작했다. 오사카를 비롯해 북해도 아래 지역까지 거래를 하면서 사업은 순항을 하고 있었다.

일본 업체들은 8월 15일, 추석을 기점으로 보통 6~8월에 물건을 가장 많이 주문했다. 그런데 1997년에는 주문은커녕 문의하는 전화도 없었다. 혹시나 하는 마음으로 주문서도 없이 거래처들이 좋아하는 모델을 미리 만들어 놓고 기다렸다. 원래 주문서 없이 물건을 만들어 놓으면 안 되는 것이다. 만약 에코석재가 아닌 다른 곳이었으면 말도 안 통할 일이다. 일본인들은 주문하지 않은 물건은 가져가지 않는다.

1년 전 같은 무렵을 생각하면 주문을 받느라 정신이 없어야 하는데 이상하게 전화기가 조용했다. 여직원이 일본의 거래처에 전화를 해서 좋은 물건을 만들어 났으니 가져가라고 해도 안 가져간다는 대답만 되돌아왔다. 마음이 초조했다. 추석이 되면 직원들 보너스와 월급을 줘야 하고, 그밖에도 돈 쓸 일이 많은데 주문이 들어오지 않으니……. 그렇다고 가만히 기다릴 수만은 없는 노릇이었다. 억지로 가져가라고는 할 수 없는 노릇이고 돌파구를 찾아야만 했다.

무작정 일본으로 거래처를 찾아가다

이대로는 안 되겠다 싶어서 추석을 며칠 남겨 놓고 남편과 함께 일본으로 날아갔다. 먼저 에코석재 가리노 신이치 사장을 만나러 갔다. 그분은 우리 부부가 열심히 사는 모습이 예쁘다고 각별히 신경을 써 주셨고, 우리 회사의 모든 직원들에게 시계를 선물해 줄 정도로 잘해 주었다. 그런데 다른 때 같으면 공항까지 마중을 나왔을 텐데 이번에는 나오지 않았고 저녁이 되어서야 호텔로 찾아오셨다.

"오라고 하지 않았는데 왜 왔습니까?"
"물건을 할인을 해드릴까 하고 의논을 드리기 위해서 왔습니다. 죄송스럽지만 주문서도 주시지 않았는데 만들어 놨습니다."
"왜 얘기도 없이 만들어 놨습니까?"
"너무 일이 없어서요."

할인을 해 주겠다고 먼저 제안을 했다. 그런데도 그는 안 된다며 더 있어 보라고만 했다. 그러나 나는 '내가 일본까지 갔을 때는 뭔가 해결하고 오지, 그냥은 못 온다.'라는 심정으로 다시 제안했다.

"10% 할인해 드리겠습니다."

"안 됩니다."

"그러면 20%까지 할인을 하겠습니다."

그래도 기다리라는 말만 되풀이하셨다. 또다시 제안을 했다.

"30%를 해드리겠습니다."

"그렇게 해서 남습니까?"

"손해가 나도 팔아야 합니다."

우리가 너무 안쓰러워 보였는지 에코석재 사장님은 원가에서 25% 할인한 가격으로 물건을 사 주기로 결정했다. 그렇게 다시 주문을 받을 수 있었다. 가격이 저렴한 중국 석재업체들과 거래를 할 수 있었는데도, 우리의 어려운 상황을 생각해서 다시 거래를 열어 주신 에코석재 사장님께 지금도 감사한 마음이 크다. 그때 계약을 해 주지 않았다면 나와 남편은 빈손으로 한국으로 돌아와서 많이 좌절했을 것이다.

〈에코석재 사장님과 직원들〉

계속 두드리면 기회의 문이 열린다

계약을 성사시키고도 한국으로 바로 돌아갈 수가 없어서 요코하마, 동경 등 다른 지역의 거래처들을 들렀다. 그곳의 사장님들도 연락도 없이 갑자기 찾아온 나를 의아하게 생각했다. 당연했다. 일본은 예약 문화인데 한국에서 연락도 없이 찾아왔으니…….

"일본에 올 일이 있었는데, 갑자기 사장님 생각이 나서 왔습니다."

"그러세요?"

"우리 집에 수입석이 많아서 10% 세일을 해 드리러 왔습니다."

"옥상이 어쩐 일이에요. 세일을 해 주고?"

"그동안 20년 동안 거래해 준 고마움에 대한 답례로 세일을 해 줍니다."

"그래요? 알겠습니다. 그럼 견적을 내 보세요."

거래를 성사시키고 한국으로 돌아오면서 남은 수입석을 정리하고, 공장을 정리하기로 마음먹었다. 일본의 석재 주문이 중국으로 건너가고 있음을 알게 되었기 때문이다. 불경기로 주문이 싹둑 끊겨서 사업을 계속해 나갈 방법이 없었다. 그동안은 오직 일본과 거래를 해 온 터라 국내시장은 전혀 몰랐고, 시스템도 완전히 달랐기 때문이다.

위기, 기회가 되어 돌아온다

10월이 되자 조금씩 주문이 들어오기 시작했다. 일본에 가서 직접 거래처들을 만나 얻은 결과였다. 너무나 기뻤다. 10월에 주문을 하면 물건을 바로 가져가는 것이 아니라 이듬해 봄에 가져간다. 그래서 물건을 쌓아 놓고 봄이 되기를 기다리고 있었다.

그런데 생각하지도 못한 일이 또 벌어졌다. IMF로 인해 12월이 되자 달러가 두 배로 뛴 것이다. 3,000만 원짜리 제품을 10% 할인해서 판매해도, 달러가 두 배로 뛰었으니 90% 이득을 취한 셈이었다.

돈을 벌었지만 마냥 좋아할 수만은 없었다. 그 돈으로 30여 명 되는 직원들을 10여 명만 남기고 퇴직금을 줘서 내보냈다. 당시 우리 회사 사정으로는 30여 명 정도 되는 직원들의 숫자를 감당하기가 힘들었기 때문이었다. 남은 돈은 앞으로 10년을 생각하고 원자재 등 필요한 자재를 구입해 놓았다. 그 재료들을 지금도 쓰고 있다.

CEO는 몸으로 부딪쳐야 한다

힘들 때 주저하지 않고 일본에 가서 직접 부딪쳤기 때문에 위기를 잘 극복할 수 있었고, 지금까지 회사를 잘 유지해 오고 있다. 되돌아보면 나는 일본어를 잘했던 것도 아니다. 간단하게 인사 정도 나눌 수 있는 실력으로 일본에 간 것이다. 길은 물어 물어서 얼마든지 찾아갈 수 있다고 생각했다. 말이 안 통하면 종이에 글씨를 쓰면 되니까.

CEO는 머리로만 고민을 해서는 안 된다. 뭐든 부딪쳐 봐야 한다. 너무 허무맹랑한 것을 무조건 시도해 보라는 것이 아니라 하나씩 하나씩 해결책을 찾아가면 방법이 나오기 마련이다.

하늘에는 예측하지 못할 바람과 비가 있고, 사람에게는 아침저녁으로 달라지는 화와 복이 있으니 늘 찾아야 한다. 잡으려고 노력해야 한다. 어떠한 고난과 시련에도 나에게 주어진 일을 꼭 해결해야 할 일이라 생각하고 새롭게 출발하는 사람에게만 세상은 재기의 기회를 준다.

2 경쟁자와 더불어 살아가기

똑똑한 자는 적을 만들고
현명한 자는 적과 함께 간다.

〈손호성, 『악당의 명언』 中〉

돌의 고장에서 석재 일을 시작하다

찬란한 백제의 문화를 간직한 익산은 돌의 고장으로 유명하다. 익산은 오래전부터 돌을 수출하여 외화를 벌어들였다. 또한 그 돌로 아름다운 제품을 만들어 왔다. 묘지 주변을 돌로 치장할 수 있는 석물을 만들고, 석관을 넣어서 돌아가신 분의 안녕을 빌기도 한다.

백제 무왕 왕후의 불심으로 지어진 거대한 미륵사지석탑과 석탑 안에 보관된 505점에 달하는 찬란한 유물들은 1370년의 세월이 지나는 동안 수많은 전쟁과 문화재 도굴범의 도굴 시도를 견디어 냈다. 그리고 백제의 문화유산으로 다시 태어나 우리들에게 전달되었다는 사실은 굉장히 놀라운 일이다. 석굴암, 만리장성, 이집트의 피라미드, 그리스와 로마의 성당 건축물 등 천년 이상 보존된 우수한 건축 문화재는 거의 대부분 석재로 되어 있다.

사업을 시작한 초기에는 주문이 오면 도면에 있는 그대로 만드는 것이 전부였다. 그러나 시간이 흐르면서 주문받은 도면에만 의지하지 않고 좀 더 견고하고, 튼튼하고, 멋스러운 새로운 돌 작품을 만들어 보려고 노력했다. 직접 디자인을 하고 디자인된 제품을 만들어 보고, 아니다 싶으면 과감하게 버리기도 했다. 고객들에게 도면을 제시했는데 만들어 보니 균형이 맞지 않을 때는 손님에게 말씀드리고 다시 도면을 그려서 제품을 만들었다.

그래도 함께 살아가야지…

종종 타 회사에서 우리 도면을 이용하여 제품을 만들어 판매하는 것을 보기도 한다. 남의 도면으로 제품을 제대로 만들지 싶다. 우리 회사 제품과 형태만 비슷할 뿐 너무 어설프게 만들어져 있는데도 도면이 우리 것이다 보니 천일석재 제품이라고 판단할까 봐 속이 상한다.

속은 상하지만 굳이 우리 것이라고 따져 가며 고발하고 싶지는 않다. 우리가 애써 만든 것이지만 같이 살아야 되지 않겠냐고 생각한다. 정직과 신용 그리고 제품의 질로써 경쟁하고 싶다.

한번은 경상도 쪽에서 천일석재 음수대에 문제가 있다는 항의 전화를 받았다. 최근 몇 년 동안 우리 회사에서 납품한 제품 목록을 모두 확인해 보았지만, 문의가 들어온 지역의 그 모델은 확인이 되지 않았다. 그래서 전화를 한 사람에게 그 음수대 설치를 했던 회사에 전화를 걸어서 음수대 납품을 어디에서 받았는지 확인을 해 보라고 했다.

"아니, 모델도 똑같고 분명히 천일석재 도면이고 '강현녀'라고 쓰여 있는데 말입니다."

그 소리를 듣는 순간 너무 속이 상했다. 내가 오히려 그분에게 따져야 할 판이었다. 상대방은 알아보겠다고 말하고는 그 뒤로 다시 전화를 하지 않았다. 이미 디자인 등록이 된 우리 도면으로 다른 회사에서 제품을 만든 것이 분명했다. 경쟁업체가 우리 회사 일하는 방식을 따라 하는 경우가 있지만 그때마다 나는 너그럽게 이해하고, 오히려 그 업체가 잘 활용해서 사업에 도움을 받을 수 있도록 개방적 자세를 취했다. 우리 회사뿐만 아니라 이웃하는 석재 회사들도 잘 운영되어야 석재산업 전체가 발전한다고 생각했기 때문이다.

경쟁자를 파트너로 바라보기

나는 끊임없이 디자인 및 기술을 개발하고 있다. 디자인은 20여 개 정도 개발해서 등록을 해 두었고, 기술 부문에 출원한 특허가 6개 있다. 이렇게 공식적으로 등록해 두는 이유는 나만 혼자 잘 되고 돈을 벌기 위해서가 아니다. 그렇다고 내가 최고라고 내세우기 위해서도 아니다.

내가 먼저 기술을 개발했고 기꺼이 무료로 정보를 공유했는데도 가끔씩 어이없게 우리가 자신들의 아이디어를 가져갔다고 억지 주장을 펼치는 사람들이 있다. 이럴 때 다투지 않고 정확한 근거를 제시해 문제를 해결하기 위해 미리 특허를 출원해 놓은 것이다.

나는 이웃의 석재회사들을 경쟁자로 보지 않는다. 그들은 우리 회사와 더불어 일을 해 나가야 하는 동반자이다. 이렇게 이웃 회사들을 생각하면 내 것만을 지키려는 이기적인 마음을 버릴 수 있게 된다. 이웃이 잘되어야 나도 잘되는 법이다.

점점 사라져가는 석재 회사들이 힘을 받아서 돌파구를 마련하여 함께 잘되었으면 하는 것이 나의 바람이다. 그들은 우리 회사의 수많은 경쟁자가 아니라 동반자들이다. 그러기 위해서 오늘도

천일석재는 열심히 일하고 부지런히 제품을 개발하여서 우리가
갖고 있는 것들을 기꺼이 나눌 것이다.

3 경청을 통해 배운다

인간의 귀는 두 개인데 입은 하나인 이유는
말하는 만큼의 두 배를 들을 수 있기 때문이다.

〈에픽테토스〉

남원에서 닿은 인연

다산 정약용 선생님의 제자 중 아전의 아들인 황상이라는 자
가 있었다. 하루는 그가 다산 선생을 찾아가 난감한 표정을 지으
며 "제게는 세 가지 병통(病痛)이 있습니다. 첫째는 둔하고, 둘째는
꽉 막혔고, 셋째는 미욱합니다."라고 말했다. 그 말을 들은 다산은
"아니다. 공부하는 자들이 가지고 있는 병통을 너는 하나도 가지
고 있지 않구나! 기억력이 뛰어난 자들은 공부를 소홀히 하고, 글
짓는 재주가 좋은 자들은 허황한 데 흐르는 폐단이 있으며, 이해력
이 빠른 이는 거친 데 흐르는 폐단을 낳는다. 그러나 둔하지만 공
부에 파고드는 사람은 식견이 넓어지고, 막혔지만 잘 뚫는 사람은

흐름이 거세지며, 미욱하지만 잘 닦는 사람은 빛이 난다."라고 말씀하셨다. 한민족 모두가 존경하는 다산 선생다운 답변이다. 다산 선생의 이 말씀에 깊은 감명을 받았고, 이 말씀을 곧바로 나의 좌우명으로 삼았다.

전주에서 남원으로 가는 길목에는 가족 납골묘 및 가공품이 진열되어 있는 천일석재 전시장이 있다. 어느 날 그곳을 지나던 중년께서 전시장에 진열된 5층 석탑을 사고 싶다고 전화를 하셨다. 그래서 시간과 날짜를 정해서 만나기로 했다. 약속 장소에 나가 보니 나이가 지긋해 보이는 중년의 남자분이 계셨다.

"이번에 한번 싸게 해 주셔도 절대 손해 보시지 않을 겁니다."

그분께서 가격을 상당히 싸게 제시하는 바람에 좀 망설이게 되었다. 하지만 석탑을 꼭 사고 싶은 그분의 간절한 마음이 전해져서 거절하지 못하고 첫 거래가 시작되었다. 공사는 돌아가신 아버님의 유물을 석탑에 넣어 정원에 세우는 작업이었다. 최선을 다해서 석탑을 세워드렸다.

석탑 공사를 잘 끝내고 몇 달이 지났다. 이번에는 납골묘도 하고 싶다고 전화를 하셨다. 주문도 반가웠지만 무엇보다도 그분과의 대화가 기다려져서 한달음에 달려갔다. 그분은 공부를 많이 하셔서 아는 것이 많았기 때문에 만나서 그분의 얘기를 듣다 보면 항상 새로운 아이디어를 얻을 수 있었다. 그래서 연락이 오면 거절하지 않고 빠른 시간 내에 찾아뵙고는 했다.

"집은 지면에 비해서 낮은 곳에 있으면 안 됩니다. 그러면 물이 차기 때문에 좋지 않습니다."

한번은 같이 식사를 할 기회가 있었다. 식당 배경이 아름다워서 좋아하니까 그 집의 문제점을 설명하셨다. 젊었을 때 공학을 공부하고 기계를 만드는 회사를 운영해 오셨는데, 자신의 분야 외에도 나무며 집, 지형 등 여러 분야에 해박한 지식을 갖고 계셨다. 그분의 이야기를 듣고 있으면 내가 배우는 것이 많았다.

얼지 않는 음수대 아이디어를 얻다

한번은 문의할 게 있다고 전화를 하셨는데 사무실 문지방에 관해서였다. 어려운 일이 아니어서 간단히 일을 끝내고 함께 점심식사를 했는데, 나는 약속 장소에 나가기 전부터 그분께서 나에게 무슨 이야기를 해 주실지 기대하고 있었다.

그분은 집에 설치한 태양열 기계에 대해 말씀해 주셨다. 1980년 대는 태양열 설비를 갖춰 놓고 있는 집들이 거의 없어서 나에게는 생소한 분야였다. 그분은 "집에 태양열 설비를 해 놓으니 따뜻한 물을 쓰는 것이 해결되었다."고 말씀하셨다.

그분의 태양열 이야기를 경청하다가 멋진 아이디어를 얻을 수 있었다. 바로 얼지 않는 음수대 개발이었다. 음수대는 우리 회사에서 이미 만들고 있었지만, 얼지 않는 음수대는 없었다. 비록 사업적으로 크게 성공하지는 못했어도 얼지 않는 음수대 개발을 통해 큰 공부를 할 수 있었다. 많은 사람들의 관심도 받을 수 있었고 그 아이디어로 '대한민국 석재조합'에서 대상을 받을 수 있었다.

"사람, 특히 남자 조심해야 합니다."

무거운 돌을 다루는 일을 하다 보면 주로 고객들이 남자들이 많은데, 여자인 내가 석재 일을 하는 게 걱정이 되셨는지 가끔은 어린아이를 대하듯 염려를 해 주셨다. 그분을 만나면 배우는 게 많아서 좋았고, 관심까지 보여 주셔서 정말 고마웠다.

귀 기울이면서 배운다

결혼 전에 사업을 경험해 본 경험도 없고, 실제로 석재공장 근처에도 가본 적이 없었다. 돌이 어떻게 쓰이는지도 모르는 사람이 석재사업을 시작했으니, 지금 생각해도 인생은 참으로 오묘하다. 모르기 때문에 배우면서 일 해왔고, 말하는 것보다는 듣기를 우선 시했다. 30년 가까이 석재 일을 하면서 많은 고객들을 만났다. 사람과의 만남에서 내가 항상 중요하게 생각했던 것은 '경청'이었다. 5층 석탑 공사를 부탁하신 노년의 회장님처럼 나에게 좋은 이야기를 해 주셨던 많은 고객들이 있었다.

돌 일에 있어서만큼은 내가 전문가여도 그 외의 것들에 대해서는 문외한이니 고객들의 이야기에 귀를 기울이려고 노력한다. 경청하다 보면 내가 경험하지 못하고, 알지 못하는 귀한 이야기들을 들을 수 있었다. 그것들은 다시 내가 일을 할 때 새로운 기술을 개발하는 데 도움이 되었다. 누군가와 이야기를 나누다가 불현듯이 삶의 지혜를 얻는 경우가 있다. 실제로 얼지 않는 음수대와 같은 새로운 제품을 발명하는 데 아이디어를 얻기도 했다.

특히 CEO의 자리에 있는 사람은 무엇보다도 듣기에 집중해야 한다. 가깝게는 직원들의 말부터 시작해 더 나아가서는 고객의 말에 귀를 기울여야 한다. 귀를 기울여 듣는다는 것은 원활한 소통의 가장 기본적인 요건이다. 소통이 잘 돼야만 고객이 무엇을 원하는지 제대로 알 수 있기 때문이다. 또한 이에 그치지 않고 고객의 말을 통해 내가 배울 수도 있다. 그렇기에 CEO는 경청의 달인이 되어야 한다. 적게 말하고 더 많이 듣는 데서 새로운 아이디어를 얻을 수 있고 응원군을 만날 수 있다. 그리고 결정적으로 함께 일할 사람을 만나게 된다.

〈얼지 않는 음수대, 아중중학교〉

4 신용은 부메랑처럼 되돌아온다

신용을 잃어버리면 설 땅이 없게 된다.

〈공자〉

친구를 믿고 시작한 공사

지방 소도시인 임실 중심가에 위치한 시장의 바닥 공사를 한 적
이 있다. 친한 친구가 그 공사의 감독관을 맡고 있었는데 이번 기
회에 천일석재도 새로운 일에 도전해 보라고 제안을 했다. 그래서
우리 회사도 하청을 받아서 이 공사에 참여하게 되었다.

사실 우리 회사는 계약금을 주지 않으면 일을 시작하지 않는 것
을 원칙으로 한다. 하지만 공사를 맡은 업체의 사장이 친구의 후배
이니 믿을 수 있다고 해서 이번만큼은 원칙을 깨고 일을 시작했다.

그런데 시작 단계부터 일이 삐걱거렸다. 도면을 가지고 현장에 가서 살핀 다음 시공 업체에서 만든 견적서를 보니 너무도 황당했다. 시장 바닥에 깔아야 할 석재를 시멘트 값도 안 되게 헐값으로 견적을 올려놓은 것이다. 그래서 감독관인 친구에게 말했다.

"이건 너무 엉망이야. 돌로 하려면 열 배는 더 줘야 해. 이렇게 생각한 금액으로 바닥 공사를 하려면 최고급 돌에서 재질이 더 낮은 돌로 바꿔야 하고, 형태도 간단히 해야지. 이렇게 하면 어느 석재 회사도 공사를 못 해. 공사 업체도 손해를 너무 많이 보게 될 거야."

내 이익만 생각하면 그냥 일을 해도 되는데, 공사 업체를 생각해서 내가 돈을 덜 벌더라도 설계 도면상의 돌의 종류를 바꾸도록 제안했다. 설계를 바꿔서 본격적으로 공사가 시작되었다.

힘들어도 배운다는 생각으로 일하다

아침 6시에 익산에서 출발하면 임실 현장에 7시쯤 도착했다. 그때가 겨울이어서 눈이 많이 내렸고, 임실은 유난히 더 추웠다. 날씨는 추웠지만 나는 현장 일도 배우고 감독도 할 겸 현장에서 직원들과 같이 일을 했다.

시장의 바닥 공사는 돈을 남기려고 시작한 것은 아니었다. 새로운 분야의 일을 배우기 위해서 참여한 것이었다. 배운다는 마음가짐으로 열심히 하청 받은 일을 했다. 그런데 시공 업체 측에서는 우리 직원들의 식사와 간식 등은 전혀 신경 써 주지 않았다. 그래서 어쩔 수 없이 그런 부분들을 내가 다 챙겨야 했다. 우리 직원들이 추운 데서 힘들게 일을 하는데 밥까지 굶길 수는 없지 않은가? 그렇게 손해가 나면서 일을 했다. 공부를 해도 돈을 너무 많이 들여서 공부를 한 셈이다.

비싼 수업료를 지불하고 교훈을 얻다

그러나 결국 공사 대금 전액을 하나도 받지 못하는 참담한 사태가 벌어졌다. 그 업체는 일이 끝나면 준다고 차일피일 미루기만 했다. 공사가 끝난 후에 알고 보니 우리처럼 공정에 참여하고 대금을 결제 받지 못한 업체가 즐비했다. 대부분의 업체들은 고발해서라도 공사대금을 받겠다고 격앙된 모습을 보였다. 하지만 나는 그렇게 하고 싶지 않았다. '그분이 나와 같은 천주교인이고, 시누이 옆집에 살고 있는데 나에게까지 모진 짓을 하겠나.' 싶은 생각을 했던 것이다.

그 대표는 나를 만나면 90도 인사를 하면서도 끝내 공사 대금을 주지 않았다. 여러 번 집을 찾아가 봤는데도 이리저리 피하기만 할 뿐이었다. 너무 화가 나고 속이 상했다. 적자가 나는 일을 그나마 직원들 생각하고 배운다는 생각으로 최선을 다해서 일해 줬는데…….

그렇지만 이것 또한 내 공부였다. 돈 때문에 이성을 잃어 가며 싸우고 싶지 않았다. 큰 공부 했다는 생각으로 과감히 털어 버렸다. 더 이상 찾아가지도, 달라고 하지도 않았다. 그 업체 사장이 잘살고 힘이 되었으면 좋겠다. 마음 아픈 일이지만 어차피 못 받는 돈, 그 집에 행운을 빌어 주었다.

이 일이 계기가 되어 회사 방침 '계약금 30%를 지불해야 물건을 제작해 준다.'를 더욱 확고하게 정했다. 우리 직원들이 주문받은 물건을 힘들게 만드는 과정을 옆에서 지켜보면 '공사 대금을 아무리 많이 준다고 해도 외상 거래는 차라리 안 하는 게 낫다.'는 원칙을 금과옥조로 삼아야겠다고 생각한다.

신용은 부메랑처럼 되돌아온다

'다른 사람의 마음을 아프게 해서 내가 행복할 수 있을까?'
결코 그렇지 않다. 살아가면서 한 번쯤은 이 질문을 스스로에게 던지면서 삶을 되돌아볼 수 있었으면 좋겠다. 나로 인해 상대방이 불편하고 힘들었다면 잘 살았다고 답할 수 없다. 내가 행복하면서 상대도 행복하게 할 수 있어야 진정으로 잘 살아온 삶일 것이다.

사업을 하는 사람들은 '신용'을 첫째로 두어야 한다. 결국 다른 사람들의 노력을 착취해서 공사를 잘 마무리한 그 업체 대표는 '신용'을 저버리고 지금도 사업을 잘하고 있는지 궁금하다.

30년 넘게 회사를 꾸리면서 경험을 통해서 내가 깨달은 사업의 지혜가 하나 있다면 '신용은 부메랑과 같다.'는 것이다. 신용을 지키면서 사업을 하면 언제가 되더라도 반드시 큰 이익으로 되돌아온다. 그러나 신용을 가볍게 생각하고 정직하지 않게 사업을 하면 언젠가는 뿌린 모습 그대로 좋지 않은 결과들이 생겨나게 될 것이다.

5 고진감래(苦盡甘來)

위대한 성과는
힘이 아닌 인내의 산물이다.

〈새뮤얼 존슨〉

빈 기계를 돌리는 애타는 마음

"달러가 배로 뛰어서 일본과 거래하고 돈이 남지 않았나요? 그
돈을 다 어디에 썼습니까?"

"거짓말로 세금 계산서를 떼어 놓은 게 아니라 보다시피 그 돈
으로 은행 빚을 갚고, 직원들 퇴직금 줘서 내보내고, 자재를 사 놨
습니다."

어느 날 세무서에서 조사를 나왔다. 세무서 직원은 며칠 동안
우리 회사를 조사했지만 부정의 흔적이 나오지 않자 조용히 돌아
갔다. IMF 외환위기 때 일본과의 거래에서 돈을 벌었던 나는 돈

을 통장에 넣어 놓지 않고, 오랫동안 사용할 공구와 자재를 구입해 부산에서 40톤 차로 실어 왔다. 재투자를 하여 앞날을 준비한 것이다. 지금도 그때 산 것들을 사용하고 있다. 결국 그때 산 공구와 자재를 20년째 사용하고 있는 것이다.

일이 잘 될 때도 있었지만 힘든 때가 더 많았던 것 같다. 그럴 때는 빈 기계라도 돌렸다. 사람들이 천일석재가 일할 게 없어서 문을 닫게 생겼다고 말할까 봐 일부러 그렇게 한 것이다. 그만큼 회사 경영이 힘들었던 때가 있었다. 공장을 팔려고 여러 번 내놓기도 했지만 아직은 어린 자녀들을 데리고 해야 할 일이 많았다. 여기서 포기할 수만은 없었다.

빈 기계를 돌리는 동안 얼마나 속이 탔는지 입에서 쓴 내가 나고, 밥을 제대로 먹지 못했다. 회사에서는 직원들에게 잔소리를 할 수도 없었다. 일거리가 없어서 직원들이 쉬고 있는 것은 사장의 책임이기 때문이다.

'고민은 밖에서 털고 들어오자. 얼굴 찡그리면서 가족들에게 고민을 보태지 말자.'

힘들어도 집에서는 최대한 웃으려고 노력했다. 하지만 어쩔 수 없이 얼굴로 마음이 드러날 때가 있었다. 말하지 않아도 가족은 다 아는 것 같다.

"엄마, 엄마를 위해 만든 요리예요. 맛있게 먹어 보세요."

그러던 어느 날, 회사에서 집에 돌아오니 대학생 딸이 엄마를 위로해 주려고 스파게티를 만들어 놓고 기다리고 있었다. 그때 먹었던 스파게티의 맛을 아직도 잊을 수가 없다.

납골묘를 우리나라에 맞게 개발하다

만약 납골묘가 새로운 사업 아이템으로 자리 잡지 못했다면 지금 나는 다른 일을 하고 있을 것이다. 6~7개월을 빈 기계를 돌리면서 힘든 가운데 일거리를 찾기 위해서 정말 많은 노력을 했다. 돌파구를 찾아야만 했다.

고생 끝에 희망이 보인다는 말이 맞나 보다. 그때 누가 퍼뜨렸는지 모르겠지만 '앞으로 납골묘가 괜찮다. 납골묘로 전환해야 한다.'는 말이 흘러 나왔다. 당시에 우리 회사는 일본으로 납골묘를 수출했었기 때문에 그 말이 빨리 다가왔다. 그래서 납골묘 개발에 박차를 가했고, 그로 인해 납골 문화가 정착하기까지 천일석재가 선구적인 역할을 하게 되었다. 납골묘는 우리나라에서 2000년부터 붐이 일어 2004년부터 2012년까지 최고의 호황을 누렸다. 때를 기다리며 참고 견디다 보니 더 이상 빈 기계를 돌리지 않게 되었다.

매장문화에 맞춰 납골묘를 땅에 묻는 방식으로 시공했다가 실패한 사례가 많다. 그럴 때 우리 회사에 A/S를 신청하는 경우가 많았다. 납골묘를 땅에 묻는 식으로 만들면 결로(結露)가 생긴다. 지금은 그런 단점을 극복하도록 설계해 괜찮지만 초창기에는 물이 줄줄 흐르는 일이 많았다. 그런 상황을 고칠 수 있는지 묻는 고객이 있었다. 우리 회사는 일본처럼 납골묘를 땅 위에 세우고 위에다 흙을 덮지 않는 시공법을 써서 결로가 발생하는 문제는 없었다.

현행법은 납골묘의 높이를 땅에서 700mm까지 낮추라고 말한다. 하지만 높이를 낮추면 안 된다. 허가를 내기는 쉽지만, 풀이 조금만 자라도 납골묘가 안 보이기 때문이다. 관리를 잘못하면 지나가는 사람이 돌에 걸려서 넘어지기 십상이고 거추장스러워진다. 납골묘를 몇백 년 동안 유지하도록 튼튼하게 잘 지으려면, 심사숙고해야 한다. 불편한 점을 개선하면서 더 좋은 제품을 개발할 필요가 있다.

고생 끝에 희망이 보인다

옛날과 달리 요즘은 핵가족 시대여서 가족도 몇 안 되지만, 아이들이 학원 수강과 학교 자율 학습에 참여하느라 평소 가족 모임에 참여할 여건이 마땅치 않다. 명절 때도 친척 집에 가지 않고 여행을 하거나 공부에 우선순위를 두기 때문에 사촌이나 먼 친척은 점점 알지 못하고 지낼 수밖에 없다.

납골묘를 해 놓으면 집안의 돌아가신 분들의 납골을 한곳에 모셔두게 된다. 그러면 할아버지, 큰아버지, 작은아버지, 어른, 아이 할 것 없이 자연스럽게 친척들이 한자리에 모이고 근황을 들을 수 있고 가까워진다. 납골묘의 여러 장점 중 가족을 한데 모이게 해 준다는 점은 가장 좋은 점인 것 같다. 납골묘를 하는 사람도, 만드는 사람도, 국가도 생각을 합해서 좋은 방법으로 납골묘 문화를 발전시켜 나갔으면 한다.

사업을 하다 보면 위기는 늘 파도처럼 밀려온다. 천일석재를 이끌어 오면서 나는 수많은 파도를 만났었다. 그때마다 인내하면서 돌파구를 찾기 위해 노력했다, 파도가 잔잔해지듯 모든 것이 제자리로 돌아가는 시기가 온다는 것을 깨닫게 되었다. 일이 뜻대로 되지 않고, 예상치 못한 위기가 찾아올 때는 "쓴 것이 다하면 단 것이 온다.", "고생 끝에 낙이 온다."는 속담을 기억하자. 인내는 모든 일의 열쇠다!

6 프라이드 자가용

나의 첫 번째 자동차

'프라이드'는 내 소유의 첫 번째 자동차였다. 사업 초창기에는 회사차나 남편차를 타고 다녔지만 회사 규모를 줄이면서 회사차를 처분했다. 사업할 때 개인적으로 사용할 수 있는 차가 필요하게 되었고, 남편은 나에게 프라이드 자동차를 선물했다.

그래도 명색이 사장인데 너무 작은 차를 사 준다고 생각해서 솔직히 마음이 내키지 않았다. 회사 대표인 내가 사업 때문이라

고 우긴다면 크고 좋은 차를 탈 수도 있었다. 하지만 차 때문에 남편과 싸우고 싶지 않아서 감사하는 마음으로 그냥 사 주는 차를 탔다.

일본 업체와 거래를 많이 할 때는 아주 대단한 일본 손님들이 가끔 한국에 오셨다. 그러면 일본 손님들은 공동대표인 우리 부부를 서울의 유명한 호텔로 부르곤 했다. 프라이드를 타고 처음으로 호텔을 방문했던 날이 기억에 남는다.

프라이드(자존심)를 구기게 한 '프라이드'

호텔 입구에 진입했는데 당황스럽게도 호텔 경호원이 우리 차를 향해 호루라기를 부르면서 차를 빼라고 소리를 질렀다. '안에 있는 일본 손님 이름만 대도 깜짝 놀랄 텐데……' 속으로 이렇게 생각하면서도 누구를 만나러 왔는지 말을 할 수가 없었다. 대단한 분이 저 안에 있는데 이런 대접을 받는 게 속상했지만 일단 빼야지 어쩌겠는가. 나는 시골에서 올라온 아낙네로밖에 보이지 않는 것을. 기분은 좋지 않지만 억울하면 출세하면 된다. 출세하려면 우선 돈을 벌어야 한다는 마음뿐이었다.

기분이 정말 우울했다. 역시 한국에서는 좋은 차와 좋은 옷을 입었을 때 사람들이 바라보는 눈이 다르다는 것을 뼈저리게 느꼈다.

차를 호텔에서 멀찌감치 주차하고 걸어서 호텔 안으로 들어갔다.

일본 손님과 즐겁게 식사를 하면서 슬그머니 오늘 있었던 얘기를 했다. 그랬더니 본인이 식사비를 내겠다고 하는 것이 아닌가. 우리를 만나러 온 손님이기 때문에 대접을 하려고 현금으로 100만 원을 가지고 갔던 나는 우리가 내겠다고 말을 했다. 하지만 그쪽에서는 한사코 괜찮다고 했다.

그런데 음식도 별 거 없고, 일본 술 몇 병을 마셨는데 150만 원이 나왔다. 그때가 1980년대였다. 결코 적은 금액이 아니었다. 계산대 앞에서 그쪽에서 내겠다고 강하게 의사를 내비쳐서 결국 아무 소리 안 하고 돈 백만 원을 다시 주머니에 넣었다. 호텔 음식이 그 정도로 비쌀 줄은 몰랐다. 사실 프라이드를 끌고 간 우리에게 100만 원 정도인 호텔 음식 값은 결코 적은 비용이 아니었다. 차 때문에도, 음식 값 때문에도 그날은 정말 자신감이 없어지는 날이었다.

CEO에게 자동차와 의상은 겉치레가 아니다

어느 날 친구들과 모임이 있었다. 나는 대부분 기업인들과의 모임이 많지만 그날 모임은 의사 부인, 교수, 귀금속상 대표 등 경제적으로 여유 있는 친구들의 모임이었다. 바쁘다고 자주 참석을 못하다가 이번에는 시간을 내었다.

식사를 마치고 내 프라이드 자동차로 움직이게 되었다. 일행이 한 줄로 서서 출발해서 가고 있는데, 차 한 대가 내 앞으로 끼어들었다. 그런가 보다 하고 도착지에 도착했다. 그런데 그때 끼어든 차가 우리 일행이었던가 보다. 내 차를 보고 깜짝 놀라면서 하는 말이 "우리 일행 차가 아닌 줄 알았어요. 미안해요." 하는 것이다. 차라리 아무 말 안 했으면 좋았을 걸. 나는 무언지 모르게 가슴이 먹먹해 오는 것을 느꼈다.

그 뒤로는 차를 소모품으로 생각하지 않았다. 바로 과감하게 좋은 차로 바꿨다. 사업을 위해서라도 고객을 만나러 갈 때에는 남편 차를 타고 갔다. 돈이 있어 보이기 위해서가 아니라 스스로 자신감으로 무장하고 손님들이 내 차를 탔을 때 편안하고 행복한 기분을 느끼면 좋겠다 싶은 마음 때문이었다.

차뿐만 아니라 의상도 신경을 썼다. 의상실에서 일을 해 본 경험이 있던 나는 손님들을 만나러 갈 때는 만나는 사람과 장소와 상황에 맞게 옷을 입었다. 고객들이 천일석재에 방문을 할 때도 마찬가지다. 나와 우리 회사와의 만남이 참 즐겁고 인상적이었다고 말할 수 있게끔 그렇게 옷을 준비해서 입곤 한다.

　남편은 손님들을 접대할 때 비싼 음식, 값비싼 술집을 절대 이용하지 않는다. 음식 대접이 아닌 오로지 물건 품질이 최고라는 말을 한다. 품질이 최우선이어야 하는 것은 맞다. 비싼 차, 비싼 옷이 사업을 하는 데 있어서 절대적인 것은 아니기 때문이다. 하지만 다른 회사들도 그 정도는 하기 때문에 좀 더 좋은 인상을 남기고 싶은 게 내 마음이다.

　나처럼 고객들을 직접 만나서 일을 하는 CEO에게 때로는 자동차와 겉모습도 서비스의 일부분이라고 생각해야 한다. 그렇다고 분수에 맞지 않게 비싼 차를 몰고 비싼 옷을 입을 필요는 없다. '고객 만족'에 초점을 두고 '고객을 위해서 내가 어떻게 할까?'를 늘 고민한다면 좋은 제품에 인상적인 서비스가 플러스되어서 고객과의 좋은 관계를 이어 갈 수 있을 것이다.

7 접대보다는 제품 관리

위대한 목수는 아무도 보지 않는다고 해서
장롱 뒤에 질이 나쁜 목재를 사용하지 않는다.

〈스티브 잡스〉

'제품 우선'에 대한 남편의 철학

똑같은 제품이 있을 때 사람들은 접대를 잘해 주는 곳으로 갈까? 못해 주는 곳으로 갈까? 당연히 잘해 주는 곳으로 간다. 일본인이고 한국인이고 접대해 줘서 싫어하는 사람은 없다. 그런데 우리 남편은 접대는 절대 안 되고, 제품 관리만 최고로 생각했다. 그래서 남편과 함께 사업을 하면서 힘들고 외로울 때가 많았다.

"거기까지 언제 갔다 와? 자기들이 차를 타고 오면 될 걸!"

일본 바이어가 공항에 도착하면 모시러 가는 것이 당연한데도 이렇게 말을 했다. 그러면 어쩔 수 없이 내가 다른 차를 빌려서 공항에 간적도 있다.

물론 제품 관리는 중요하기 때문에 항상 제품에 최선을 다한다. 물건 포장을 할 때도 내가 나가서 한다. 손으로 만져 보고 문제가 없는지, 문제가 있는 곳은 반드시 박스에 표시를 하고 이렇게 써서 보냈다.

〈사장님. 이런 문제가 있지만 제가 보기에는 이해할 수 있을 것 같아서 보냅니다. 보시고 도저히 안 되겠으면 다시 해드리겠습니다. 아니면 이해해 주세요.〉

그러면 99%는 이해해 준다. 하지만 그냥 보내면 작은 점도 크게 표시를 해서 안 된다고 돌려보낸다. 그래서 나는 제품 관리에 철저히 신경을 썼다.

천일석재의 제품과 서비스를 신뢰하는 고객들

다른 석재 회사들은 일본 바이어들이 오면 제품 보는 것은 가볍게 하고, 서로 간의 인간관계를 더 중요시하고 술을 접대하기도 한다. 익산의 노래방, 룸살롱이 다 석재 사장님들이 이용해서 호황이었을 때에도 우리는 룸살롱을 가본 적이 없다. 천일석재의 접대는 오직 식사였다. 남편과 싸울 수도 없고 마음이 정말 답답했다. 최선을 다해 차를 대접하고 예쁘게 옷을 입고 미소를 짓는 방식으로 접대를 해야만 했다.

"제품 하나만큼은 제대로 만들고 정직하기 때문에 천일석재와 거래하겠습니다."

고객들이 이런 마음이 들도록 지금까지 최선의 노력을 하면서 사업을 해 왔다. 종종 우리 여직원이 서울대학을 나왔는지 물어보는 일본 고객들이 있었다. 일본 말로 친절하게 제품에 대한 설명을 직접 써서 상자에 붙여 보내거나, 때로는 전화로 친절하게 설명했기 때문이다. 일본으로 제품을 보낼 때 나는 여직원에게 어떻게 설명을 써서 보내야 하는지 지시를 한다. 그래서 제품뿐만이 아니라 직원들에 대한 일본 고객들의 칭찬이 자자했다. 이렇게 철저히 제품 관리를 하면서 신뢰를 쌓아 가며 사업을 해 왔다. 그 마음은 지금도 마찬가지다.

거래에 있어서 제품의 질은 생명이다

석제품은 품질이 아주 중요하다. 한번 만들어진 제품을 쉽게 부술 수도, 주문을 취소할 수도 없기 때문이다. 예를 들어 고객이 개

모양의 석제품을 주문했는데 개도 아니고 고양이도 아닌 애매모호한 작품이 나왔다고 가정해 보자. 주문한 손님이 마음에 안 들어서 취소를 한다면 그 제품은 어느 누구에게도 팔지 못한다. 그렇다면 큰일이지 않은가. 어떤 제품을 만들더라도 고객의 마음에 들 수 있도록 최선을 다해서 만들어야 한다.

또 고객이 제품을 보았을 때 이 박스에는 무엇이 들어 있는지 박스 겉에다 내용물을 자세히 써 붙여 놓아서 한눈에 고객이 알아볼 수 있도록 하나하나를 신경 쓰고, 고객의 편리함을 위해 항상 마음을 써야 한다.

종종 주변에서 제품보다 서비스가 우선이 되는, 주객이 전도된 채 사업을 하는 업체들을 보게 된다. 당장은 서비스에 마음이 끌려서 고객들이 제품을 주문하겠지만 오랫동안 고객과의 관계를 이어 가려면 제품이 우선이 되어야 한다. 제품 우선의 철학에 서비스까지 더해진다면 이보다 더 좋을 수는 없다.

8 상대방을 존중하는 언어

친절한 말 한마디는,
석 달 겨울을 따뜻하게 만들 수 있다.

〈일본 속담〉

존경어 사용

친정아버지는 결혼 후 군 입대를 하셨다. 그런데 입대 무렵 나는 어머니 배 속에서 자라고 있었고, 아버지가 군 복무 중 태어나 할아버지, 할머니, 엄마, 삼촌들과 함께 자랐다. 내가 세 살 때 아버지께서 제대하셨기 때문에 바로 내 밑의 동생과는 나이 차이가 꽤 있다. 동생들에게 나는 엄한 언니, 누나로 보였던 것 같다. 그래서 무엇을 시키면 동생들이 항상 이렇게 대답했다.

"네. 큰누나, 알았어요."
"큰언니, 그렇게 할게요!"

동생들에게 그게 좋은 것만은 아니었던 것 같다. 한번은 큰 동생이 면전에서 내게 하소연을 했다. 동생은 "바로 옆집 사는 내 친구는 자기 언니에게 'X년아' 하고 대들면서 싸웠다는데 나는 언니에게 욕 한번 못해 봤어."라고 투덜거렸다. 나는 동생이 언니에게 당연히 그래야 된다고 생각했었는데, 동생의 얘기를 듣고 보니 그제야 내 동생들이 말을 잘 듣고 착하다는 것을 알게 되었다. 지금껏 불평 한 번 안 하고 내게 대들어 본 적 없는 동생들을 나는 사랑한다. 위계질서는 꼭 필요하다고 생각하기 때문에 나는 강조한다. 부모님과 내 생각이 다르고 잘못된 것이 있다 해도 부모님의 의견을 존중해드려야 한다고 생각한다.

형제간의 우애와 질서를 중요하게 생각한 나는 군기반장처럼 동생들이 나를 부를 때 반말 대신 존댓말을 사용하게 했다. 지금도 대화뿐만 아니라 메시지를 보낼 때도 동생들은 존댓말로 얘기한다. 이런 걸 보면 내가 어릴 때부터 언어에 대해서 각별히 신경을 썼다는 것을 알 수 있다.

"형아야, 누나야, 막내야."

아이들이 말을 배우기 시작할 때 나는 아이들을 이렇게 불렀다. 아이들 사이의 위계질서를 심어주기 위해 엄마가 이름 대신 호칭으로 불러주니까 아이들도 나와 똑같이 서로를 불렀다. 그래서 우리 아이들은 정관, 선희, 정현이라는 이름을 사용하지 않고 자랐다. 그 덕분인지 아이들 입에서 욕이 나오지 않는다. 아이들은 사춘기 때에도 서로에게 거친 말을 하거나 싸운 적이 별로 없었던 것 같다.

존경어를 사용하면 다툴 일이 줄어든다

사위를 얻을 때의 일이다. 나는 생활 속 대화 중에 언어의 중요성을 얘기했고, 서로 존댓말을 쓰면 좋겠다고 사위에게 제안했더니 사위는 흔쾌히 그렇게 하겠다고 대답했다. 그래서 지금껏 존댓말을 쓰고 있다.

"여보!"
"왜 그러세요? 소리를 낮춰서 얘기하면 얘기가 안 돼요?"
"알았어요……."

화가 나서 상대방을 크게 불렀다가도 존댓말로 대답을 하면 어느 순간 조곤조곤 얘기하고 있다고 한다. 그래서 사위와 딸은 결혼 전부터 지금까지 한 번도 싸워본 적이 없단다. 존댓말을 사용하면서 싸우기가 좀 그런 모양이다. 가끔씩 딸과 사위가 내 말대로 존댓말을 사용하기로 한 것이 아주 잘한 것 같다고 말을 하면 내 마음도 흐뭇해진다.

'하거라'라는 명령어보다는 '하시게'라고 하면 묻는 말 없이 행동에 옮기게 된다. 존댓말을 쓰기 때문에 지금도 자녀들끼리 다투고 싸울 일이 별로 없다. 남의 식구들이 하나씩 들어오면 어떻게 변할지 모르겠지만 나는 사위든 며느리든, 누구한테나 이렇게 존댓말을 쓰라고 가르치고 싶다.

나는 친구들에게도 "야!"라는 말을 잘 쓰지 않는다. 자주 만나는 친구들이 아니면 뭘 물어 봐도 보통은 "네네!"라고 대답한다. 초등학교 동창 모임에 가서도 마찬가지이다. 친구들 간에 너무 격이 없이 지내다 보면 말실수를 하게 되고, 그러다 보면 심한 말도 오가고 다투는 경우가 생긴다. 그래서 항상 누군가에게 하대하는 것에 대해 신중하다. 한 대 맞으면 세월 지나면서 잊게 되지만, 말로 상처를 입게 되면 평생 지워지지 않는다고 생각한다.

내가 너무 존경어를 사용하니까 더러는 가까워지고 싶어도 못 가까워진다는 말을 듣기도 한다. 그런데 가까워지면 편안함이 생겨서 좋겠지만 하찮은 말로 마음 상해서 좋은 친구와 인연이 끊기는 일은 막고 싶다. 물론 나도 정말 친한 친구나 가까운 사람들과는

"야야!"라고 반말을 사용하면 편안하고 정다움을 느끼기도 한다. 어떤 관계든 서로를 배려하고 이해하고 사랑한다면 되는 것이다.

직원들을 존중하는 말

직원들과 대화할 때도 나는 반말을 사용하지 않는다. 사장이 직원을 존중하는 태도를 늘 보여 줘야 직원도 사장을 존중하고 잘 따른다고 생각한다. 서로에 대한 존중은 언어에서부터 시작된다고 생각하기 때문에 꼭 "공장장님", "기사님", "~씨" 이렇게 직함을 넣거나 존경을 나타내는 호칭을 붙여서 부른다. 그러면 아무리 화가 나도 직원들에게 함부로 말을 할 수가 없다. 내 감정을 조절하게 된다.

몇 달 전 남편 친구의 상가에 조문을 간 일이 있었다. 서로 인사를 마치고 앉아서 차를 마시고 있는데 그 친구분이 부인에게 아주 깍듯하게 "여보, 여기 잠깐 나와서 인사 좀 하시겠어요?"라고 얘기를 했다. 나이가 70세가 다 되도록 그렇게 산다는 것이 쉬운 일은 아니었을 것이다. 그 집에 딸이 있다면 며느리 삼고 싶다는 생각이 들었다. 자녀는 부모를 보고 배우는 것이라고 생각하기 때문이다. 아마 누구라도 그렇게 생각했을 것이다. 부자보다는, 돈보다는, 명예보다도 사랑이 가득한 평화로운 가정이 더 중요하다고 나는 생각한다.

　사람들은 내가 상대방에게 존중받는다고 느낄 때 역시 상대방을 존중하게 된다. 그 시작은 바로 존경어의 사용이라고 나는 생각한다. 우리가 무의식중에 부르는 호칭을 통해서도 얼마든지 끈끈한 신뢰 관계를 만들어 갈 수 있다. 사람들이 서로에게 존경어를 쓰면 모두가 기쁘고 즐겁지 않을까 생각해 본다.

기업하기 좋은 세상
보내야만 하는 인연
부자 마인드
위기 때는 현장으로 돌아가라
직원들에 대한 사랑
모든 인연은 소중하다
눈빛으로 대화하라
사랑하면 이해 못할 게 없다

4장

천일석재와
함께한
사람들

1 기업하기 좋은 세상

성공하는 사람들은 자기가 바라는 환경을 찾아낸다.
발견하지 못하면 자기가 만들면 된다.

〈조지 버나드 쇼〉

기업인들에 대한 공무원들의 태도 변화

1980년대 초만 해도 지금과 비교하면 관공서와 공무원을 상대하는 일이 쉽지 않았다. 사업을 하는 과정에서 가끔은 공무원들과 상대하게 되는데 공연한 일로 부딪혀 서로 마음에 상처를 주고받는 일이 발생하기도 했다. 당시만 해도 기업인들이 다가가기에 관공서의 문턱은 높기만 했다. 그들이 대접을 받으려고 했던 것은 아니지만 공무원들의 말투가 사나우면 이를 참지 못하고 나도 모르게 화를 내곤 했다. 기업인들이 열심히 일을 해서 세금을 내니까 공무원들이 당연히 성심껏 도움을 줘야 한다고 생각했다.

지금은 공무원들이 정말 친절하다. 한 부서에서 일을 하다가 다른 부서로 가면 그 부서의 전문가가 되어야 하는데, 우리나라 공무원들은 분야가 전혀 다른 부서로 옮기는 경우가 허다하다. 그럼에도 불구하고 업무를 익혀가며 최선을 다해 일을 처리하는 공무원들을 보면 감사하고 존경스럽기까지 하다.

사업을 하면서 관공서에 가면 때로는 관련법을 잘 모르는 공무원들도 만나게 된다. 그들의 입장을 충분히 이해한다. 누군들 그 많은 법령을 꿰뚫어 알 수는 없다고 생각한다. 가는 부서마다 그 부서에서 다루는 사업들에 관련한 법을 모두 익혀야 하니 어찌 완벽하게 알 수 있겠는가? 정말 모두들 애를 쓰며 일을 하고 있다.

만능이 되어야 하는 대한민국 공무원

종종 새로 개발한 기술이나 제품에 대한 지원을 받기 위해 심사를 받으러 조달청에 가는 경우가 있다. 조달청 공무원들이 나의 제안서를 이해하지 못하고, 통과시켜 주지 않을 때는 정말 야속하고 화가 난다.

석재 분야만 해도 조달을 등록하는 데 '석재, 기계, 온갖 부속품 등' 수십만 가지가 올라온다고 들었다. 그렇기 때문에 신중하게

'된다, 안 된다' 결정을 해야 하는 조달청 공무원들의 어려운 입장을 이해한다. 수많은 종류의 조달 등록 신청서들을 검토하려면 각 분야에 대한 법규 및 세부 사항을 알아야 할 텐데 무척 힘들 것 같다. 그래서 그들이 얼마를 기다리라고 하든, 잘 받아 주든 받아 주지 않든 인내심을 갖고 기다린다.

"공부를 하고 있지만 너는 조달청에 가서는 일 못하겠다."

공무원 시험을 준비하는 아들에게 했던 말이다. 많은 공무원 가운데도 특히 조달 공무원은 아무나 하는 게 아닌 듯싶다. 그만큼 업무가 복잡하고 많은 관련법을 숙지해야 하기 때문이다.

기업하기 좋은 세상

기업을 운영하는 것은 참으로 어렵고 힘든 과정의 연속이다. 특히 기업 대표의 경우 그의 판단에 따라 기업의 명운이 결정되는 수가 허다하다. 그래서 기업인들은 대단하다고 존경받는다. 하지만 내가 보기에는 공무원들도 마찬가지다. 모든 사람들이 만능일 수 없고, 모든 일을 다 알 수도 없지 않은가? 그런데 공무원은 민원을 신속하고 정확하게 처리하기 위해 다 알아야 되고, 다 해야 한다. 그래서 공무원들을 대할 때 늘 존경하는 마음을 갖는다.

우리나라 공무원들이 열심히 공무를 수행하며 기업인들을 돕고 있으니 더욱 많은 기업들이 발전할 수 있을 것이다. 특히 전라북도는 기업인들을 위해서 일하라고 공무원들을 채근해 왔다고 들었다. 그러한 풍토가 밑바탕이 돼 전라북도 공무원들이 더욱 기업과 기업인들을 위해 도움을 주려고 노력하고 있지 않나 생각한다.

기업이 잘 돌아가야 한다. 기업이 잘 돌아가야 세금이 발생하고 고용이 창출된다. 더불어 모든 관련 산업이 돌파구를 찾을 수 있다. 그런 사실을 누누이 강조한 분들이 역대 전라북도 도지사들이다. 그분들의 그런 노력으로 공무원들의 업무 태도가 바뀌었고, 기업인들은 탄력을 받아 열심히 일할 수 있었다. 정말 고맙고 존경스러운 분들이다.

예전과 비교하면 지금은 기업하기 좋은 환경이 만들어졌다. 나의 경우 기계를 열심히 개발해서 중소기업청에 제안서를 올려 기술 개발에 대한 지원을 받은 것을 비롯해 큰 도움을 받은 일이 여러 차례 있다. 그럴 때마다 스스로 노력하면 얼마든지 사업을 할 수 있다는 믿음이 커졌다.

기업인들은 꾸준히 노력해야 한다. 국내 여러 기업뿐 아니라 다른 나라 기업들도 더 좋은 아이디어를 쏟아내고 있기 때문이다.

우리도 충분히 할 수 있다. 각 관공서에서 너무 열심히 도와주고 있기 때문이다. 과거와 비교한다면 기업을 경영하기 참 좋은 세상이 됐다.

2 보내야만 하는 인연

될 인연은 그렇게 몸부림치지 않아도 이루어져요.
자신을 너무나 힘들게 하는 인연이라면 그냥 놓아 주세요.

〈혜민 스님〉

직원들을 위한 통근 버스 운행

석재 회사는 겨울에 일이 없을 때는 한가하지만 봄이 되면 정신
없이 바빠진다. 석재회사 경영 구조가 이렇다 보니 일부 몰지각한
회사는 초급 직원을 채용해 가르치면서 기술 인력을 만드는 데 소
홀하고 경쟁 회사의 숙련된 직원을 웃돈을 주고 데려가는 일이 많
다. 자신도 똑같이 당할 수 있다는 사실을 아랑곳하지 않고 우선
당장 곶감을 뽑아먹어야 겠다는 심정으로 타 회사의 숙련된 인력
을 스카우트 해간다. 그러면서 미안한 마음을 갖기는커녕 양심을
한쪽에 숨겨 놓고 '나는 모른다.'로 일관한다. 이런 일을 당할 때마
다 '사람이 올바르게 산다는 것은 쉬운 일이 아닌가 보다.'라고 생

각하곤 한다.

유능한 직원의 이탈을 막으려고 한 사람의 급료를 올려 주면 나머지 전체 직원의 급료도 올려줘야 하기 때문에 어찌해야 좋을지 고민에 휩싸이게 된다. 한 번은 그런 고민을 하던 중에 좋은 아이디어가 떠올랐다. 작은 버스를 사서 직원들을 출퇴근시켜 주면 다른 회사로 쉽게 움직이지 않을 것이란 생각을 한 것이다.

1990년대는 직원들이 시내버스를 타고 다닐 때여서 다른 회사와 차별화하기 위해 버스를 운행하기로 결정했다. 공장장의 추천으로 운전기사를 한 명 채용했다. 운전기사의 환한 인상과 밝고 명랑한 성품이 마음에 들었다. 그렇게 버스를 구입해 직원들의 출퇴근 문제를 해결해주고 난 후부터는 직원의 이직으로 어려움을 겪는 일이 거의 발생하지 않았다. 지금 생각해도 잘 했던 일이다.

믿었던 운전기사의 도벽

어느 날부터 탈의실에 벗어 둔 직원들의 바지와 점퍼 속에 들어 있던 돈이 없어지는 일이 발생하기 시작했다. 숙직실에 놓아둔 사장 지갑에서도 돈만 살며시 빼내가는 분실 사건이 발생했다. 잠깐 화장실에 다녀온 사이에 벌어진 일들이었다. 보통 능숙한 솜씨가 아니었다.

한 번은 한 직원이 급하게 필요하다며 가불을 신청해 200만 원을 가져갔는데, 얼마 후 돈이 없어졌다고 울먹이며 사무실로 들어왔다. 본인의 자동차 트렁크의 스페어타이어 밑에 잠시 넣어두었다기에 운전기사에게 물어봤더니 본인은 운전대 쪽에서만 일을 했다며 모르는 일이라고 했다. 운전기사의 소행일 것이라고 의심은 갔지만 물증이 없으니 어쩔 도리가 없었다.

결국 시간이 지난 뒤에 모든 것이 운전기사의 소행이란 사실이 밝혀졌다. 그는 본디 심성은 착한 사람이었지만 살아온 환경에 문제가 있었다. 그간의 불미스러운 일들 때문에 내보내야 하나 고민도 했지만 어떻게든 좋은 사람을 만들어서 같이 잘해 보고 싶다는 마음이 컸다. 그래서 좋은 과일이 나올 때마다 우리 가족은 못 사주더라도 항상 그 기사에게 꼭 챙겨 주면서 잘해 보자고 다독거렸다.

사고는 예고 없이 찾아온다

잠잠하다가 사건이 또 일어났다. 점심시간에 다른 사람들은 다 쉬고 있는데 운전기사가 혼자 지게차를 만지작거리다 손가락이 세 개나 잘려 나가는 사고를 당했다. 아뿔싸, 큰일이다. 재빨리 운전기사를 병원으로 옮겨 치료했다.

다행이 그동안 내가 진심으로 대해 줬던 일들이 운전기사의 마음에 남아 있었는지 치료 후 합의를 할 때 크게 어렵지 않게 해결할 수 있었다. 그의 어머니는 "사장님이 그렇게 잘해 줬는데, 잘해 드려야 한다."고 말씀하셨다고 한다.

그렇게 사고가 잘 마무리되었고 공장도 평화를 되찾는 듯했다. 그러나 운전기사는 치료가 잘 끝났지만 매일 병원에 간다며 회사 일을 돕지 않았다. 다치기 전에는 허드렛일까지 도맡아 했었는데 사고가 난 후부터는 일을 열심히 하려고 하지 않았다. 그러면 안 되는데… 서로 더 잘하려고 노력해야 하는데…….

꼬리가 길면 밟힌다!

그러던 중 내가 입사한 지 두어 달 된 여직원에게 기름 값을 물어보면서 또 다른 문제점을 발견했다.

"우리 회사가 한 달 동안 쓰는 기름 값이 얼마나 되죠?"
"40만 원이에요."
"우리 회사는 한 달 기름 값으로 25만 원이면 충분한데요? 지난 달 결제 안 했어요?"

"결제 했어요."

왜 그렇게 기름 값이 많이 나왔는지 확인해 보니 여직원이 바뀌면서 운전기사가 기름 값 결제 사인을 해 온 것이다. 결국 운전기사를 해고하려고 공장장과 의논을 했다. 직원들이 불안해서 주머니에 돈을 못 가지고 다닌다고 불평하고, 그 기사로 인해 여러 문제들이 생겼다고 설명했다. 하지만 공장장은 그 기사가 필요하기 때문인지 주의만 주고 해고하는 것은 반대했다.

가슴이 떨리고 답답했다. 당장 뭔가 해결하지 않으면 안 된다는 생각이 들었다. 주유소의 장부를 가져와 살펴보았지만 문제점이 보이질 않았다. 그래서 주유소로 가서 다시 1년 치 장부를 검토했다. 그랬더니 아주 교묘하게 전달과 이번 달 금액을 몰래 추가하면서 주유소와 합작으로 눈속임을 했다는 사실을 발견할 수 있었다. 시작 단계에서 나에게 들킨 것이다.

그렇게 그 운전기사와의 인연은 끝이 났다. 주유소도 마찬가지다. 주유소 주인은 이웃이었으므로 모르는 사람도 아니었다. 돈을 벌기 위해서 의리와 양심도 버렸다는 사실에 가슴이 저려왔다. 결국 얼마 안 가 주유소 주인이 바뀌었다.

인연을 떠나보낸다는 것은…

그 운전기사를 우리 회사에서 떠나보내고 섭섭함이 채 가시기도 전이었다. 어느 날 12시쯤 직원들이 막 식사를 시작하려 하는데, 운전기사가 나타났다. 그날은 일본 손님이 오시기로 되어 있어서 정리 작업을 하느라 어수선한 분위기였다. 그래도 오랜만에 얼굴을 마주하게 된 운전기사가 반가웠다. 직원들도 반가웠는지 같이 식사를 하자고 했는데, 극구 배부르다면서 오자마자 회사를 떠나갔다.

그런데 포장부에서 일하시는 아저씨가 식사를 하다가 말고 공장으로 뛰어 올라가셨다. 포장실에 가서 두리번두리번 무언가를 찾으시더니, 엊그제 사온 못 박는 기계가 없어졌다는 것이었다. 사람 손으로 못 박는 것이 힘들어서 큰마음을 먹고 준비했던 건데, 5분 만에 그 기계가 사라졌다.

공장장을 시켜서 전화를 걸어 운전기사를 다시 회사로 들어오게 했다. 다시 불려온 운전기사의 승용차 트렁크를 뒤져 보았다. 트렁크 안에 기계는 없었지만, 거기에 쓰이는 못이 한 묶음 발견되었다. 운전기사는 건설 현장에서 싣고 온 것이라며 발뺌을 했다.

공장장이 상스러운 욕설을 퍼부으며 "우리가 바보냐?"고 "경찰서에 신고하겠다."고 난리를 쳤다. 나는 그 광경을 지켜보며 순간 눈을 감고 2~3분 정도를 우두커니 서 있었다. 침묵이 흐르는 사이 나는 이런 생각을 했다. '경찰서에 연락해 사고 접수를 한들 큰 죄를 지은 것도 아니고 얼마나 큰 죄를 묻겠는가. 앞으로 관계만 더 나빠질 텐데 그럴 필요 없다. 악연은 맺고 싶지 않다.' 감고 있던 눈을 뜨고 내가 다시 말했다.

"만약 도둑질을 안 했다면, 얼마나 억울한 일이겠어요. 여기에 오지 않았다면 이런 오해는 받지 않았을 텐데, 다음부터는 보고 싶거나 일이 있을 때에는 밖에서 만나자."라고 약속을 하고 보내었다. 그 뒤로 운전기사는 한 번도 나타나지 않았고, 다시 우리 회사는 평온해졌다.

인연을 소중히 생각하는 나로서는 이렇게 직원과의 인연을 정리해야 할 때가 가장 마음이 아프다. 하지만 더 이상 사람을 미워하지 않고, 더 이상의 피해를 줄이기 위해서 정리할 인연은 정리해야 하는 결단을 내려야 했다. 이런 결단을 하는 것도 역시 사장의 몫이다.

모든 인연이 소중하지만 어쩔 수 없이 보내야 하는 인연도 있다.

그럴 때는 그들이 다른 곳에 가서 새롭게 살아가기를 축복하는 마음을 잊지 않았다. 헤어짐은 아쉽지만 새로운 인연을 맞이하기 위해서 힘들어도 이어갈 수 없는 인연은 정리해야 한다.

사람은 살면서 남에게 해를 끼치지 않아야 한다는 양심의 소리를 들을 수 있어야 한다. 그런 마음으로 살아간다면 이웃도 나도 행복할 수 있으리라 생각해 본다.

3 부자 마인드

다른 사람의 좋은 습관을
내 습관으로 만들어라.

〈빌 게이츠〉

마음씨 착한 작업반장

나는 기본적으로 심성이 착한 사람을 작업반장으로 임명한다. 지금 이야기하려고 하는 직원이 그런 분이었다. 함께 일하는 사람들을 굉장히 잘 배려해 주었으며, 항상 부하 직원들이 편하게 일할 수 있는 분위기를 만들어 주었다. 뭔가 불편한 것을 이야기하면 잘 들어 줬고 항상 착하게 살려고 하는 마음이 내 눈에 보였다.

"사모님, 동생이 있으면 저에게 소개시켜 주세요. 제가 행복하게 해 줄 수 있어요."

이 정도로 이 직원은 나를 잘 따르고 좋아했고 나도 그를 좋아했다. 이성적인 호감이 아니라 함께 일하면서 서로에 대한 믿음이 두 터워져서 자연스럽게 일적으로나 인간적으로 신뢰하게 되었다.

어느 날은 이 직원이 가불을 해 달라고 요청했다. 200만 원이 필요하다고 해서 급히 해 줬는데 다음날 출근해서 돈을 잃어버렸다고 울상을 하고 있었다. 걱정이 되어서 물어봤다.

"어떻게 하다가 잃어버렸어요?
"어제 친구가 저희 집에 놀러 와서 자고 갔어요. 그런데 자고 일어나니까 돈이 없어졌어요."
"친구가 가져갔나 보네?"
"제가 직접 보지도 않았는데 함부로 얘기할 수는 없어요."

누가 봐도 친구가 의심스러운 상황이었는데도 이 직원은 절대로 자신의 친구를 의심하지 않았다. 그리고 사무실 밖으로 나가서 하던 일을 계속했다. 조금 있으니까 다시 들어와서 경찰에서 범인을 잡았다는 전화가 왔다고 말했다. 신고도 안 했는데 어떻게 도둑이 잡혔는지 궁금했다.

신뢰를 돈과 맞바꾸지 않는다

내 예상대로 친구가 지갑을 통째로 가지고 간 모양이었다. 무슨 일이었는지는 모르지만 그 친구가 다른 일로 경찰에게 붙들리게 되었고 경찰이 신분증 검사를 하다가 이 직원의 지갑이 나왔다. 경찰은 훔친 지갑이라 확신하고 지갑 주인인 우리 직원에게 확인 전화를 한 것이다.

"이 지갑, 제가 친구에게 맡겼는데 왜 붙잡았습니까? 얼른 그 사람에게 주세요."

우리 직원의 대답이 정말 예상 밖이었다. 사실대로 친구가 도둑질한 것이라고 말할 수도 있었는데 이렇게 말을 한 것이다. 오히려 경찰이 미안한 상황이 되어 버렸다. 이 정도로 우리 직원의 마음이 예뻤다. 사장인 내가 좋아하지 않을 수 없었다.

이렇게 좋은 직원과 오래오래 일을 하고 싶었다. 하지만 그 직원은 개인적인 사정 때문에 직업 전환을 해서 우리 회사에서 나가게 되었다. 그래도 나는 그분이 잘되기를 항상 빌었다.

그가 새롭게 시작한 일은 트럭운전이었다. 우리 회사 옆집에 물건을 실으러 오면 옆집 사장님이 그렇게 예뻐했다. 몸을 아끼지 않고 열심히 일했기 때문이다. 사실 트럭기사는 기다렸다가 물건이 다 실리면 운전만 해 주면 된다. 그런데 그는 물건을 싣는 일까지 자기 일처럼 도와줬다. 심지어는 짐을 싣는 동안 할 일이 없으면 심부름을 해 주기도 했다. 안 그래도 되는데 그렇게 착했다.

얼마나 부지런했는지 늘 뛰어다녔고 그래서 어디 가서 무슨 일을 하든 돈을 벌었다. 서울의 물류 시장에서 야채 장사를 할 때는 그 일대에서 그 친구의 이름을 대면 모르는 사람이 없을 정도로 열심히 일했다. 마음이 착해서 형편이 어려운 사람을 보면 이것저것 사주기도 했단다. 베푼다는 것은 쉬운 일이 아님에도 불구하고 말이다.

직원이 행복하면 나도 행복하다

"너희가 배부를 만큼만 가져가. 나는 너희들 채워 주고 남은 것을 내가 쓸게."

그는 간혹 직원 중 한 사람이 돈을 슬쩍하는 일이 생기면 직원들을 모아 놓고 이렇게 말을 했단다. 나이도 젊은 사람이 마음이 이렇게 넓었다. 일하는 직원들이 안 나가고 열심히 일을 할 수밖에 없었다.

서울 올라간 시골 촌놈이 얼마 되지도 않았는데 좋은 사람으로 평이 나서, 물건이 비싸도 사람들이 좋다고 사갔다. 혹시 물건이 조금이라도 흠집이 나거나 상태가 안 좋으면 가차 없이 손해가 나도 싸게 팔았다. 정직과 신용을 우선으로 생각하며 정말 장사를 잘했다.

지금은 큰 슈퍼마켓을 두 개나 운영하면서 예쁜 모습으로 잘살고 있다. 서울에 일 때문에 갔다가 한 번씩 들르면 최고로 좋은 과일들을 차로 하나 가득 실어 준다. 그리고 이렇게 말한다.

"사모님, 늙지 마세요!"

참 사랑하는 마음에서 나오는 인사말이리라. 그 말 한마디가 나를 얼마나 행복하게 했는지 모른다. 함께 일하는 직원들과의 인연은 특별하다. 직원들 없이는 천일석재가 오늘의 모습으로 성장하지 못했을 것이다. 우리 직원들이 나와 함께 일하는 동안에 행복했으면 좋겠고, 혹여 사정이 생겨서 우리 회사를 떠나더라도 '부자로 잘살았으면 좋겠다.'는 기도를 잊지 않는다.

"우주가 광활한데도 한 치의 오차도 없이 움직이는 것은 근원의 밑바탕에 사랑의 힘이 있기 때문입니다."(프란치스코 교황)

나는 지금도 사람들 앞에서 서슴없이 말한다. "우리 직원들을 사랑해요." 잘 모르는 사람들은 이상하게 보기도 하지만 진심이다. 무거운 돌을 짊어지고 힘들게 일하는 착한 우리 직원들을 어떻게 사랑하지 않을 수 있을까? 직원들이 행복하면 나도 행복하다. 그들이 나에게 먼저 해 주기를 바라는 것보다 내가 그들에게 어떻게 해 줄 것인가를 고민한다면 그것이 바로 사랑이리라.

4 위기 때는 현장으로 돌아가라

연은 순풍이 아니라 역풍에
가장 높이 난다.

〈윈스턴 처칠〉

빛을 내서 회사 규모를 키우다

석재 일이 고급화되면서 변화에 발맞춰 공장을 이끌어 줄 수 있
는 새로운 공장장을 영입하게 되었다. 그는 수출용 돌을 다루는
회사에서 공장장으로 오랫동안 일을 해서 굉장히 노련하고 능력이
있는 분이라고 전해 들었다. 그래서 우리 회사로 스카우트했다.

새로운 공장장은 우리 회사에 오자마자 고쳐야 할 기계들이 많
다며 설비 투자를 요구했다. 직원들 숫자도 10여 명에서 30명 이
상으로 갑자기 늘릴 것을 요청했고, 일이 고급화되었으니 부서도
늘려야 한다고 건의했다. 갑작스런 큰 변화에 사장인 나의 어깨가

무거워졌다. 하지만 일단은 투자를 해야 산다고 하니 어쩔 도리가 없었다. 그래서 설비투자 자금을 대출받아 빚을 지게 되었다.

시간이 갈수록 신임 공장장과 나의 일하는 방식이 많이 다르다는 것을 깨닫게 되었다. 예를 들어 일본 업체와 거래를 할 때는 컨테이너가 정해진 날짜에 정확히 배에 실려야 하는데, 공장장은 자주 그 날짜를 맞춰주지 못했다. 만일 공장에서 작업이 하루만 늦어지면 배를 놓치게 되고 물건은 예정보다 늦게 일본에 도착하게 된다. 그래서 나는 해외 고객과의 약속을 지키기 위해 작업 과정을 꼼꼼히 확인해야 했다.

새로운 공장장, 회사에 손해를 가져오다

"걱정 마세요. 사장님! 현장에 나와서 잔소리하지 마세요. 들어가세요. 제가 다 알아서 합니다."

공장장은 내가 확인을 하러 가면 늘 귀찮게 반응했다. 그런데 물건이 나가는 날에 완성이 안 되어 있는 경우가 많았다. 밤을 새워서 물건을 완성해도 컨테이너를 제 시간에 배에 싣지 못하면, 선적을 하지 못해도 컨테이너 비용을 지불해야 했다. 게다가 신용은 어찌되는가.

공장장과 손발이 맞지 않으니 내 속이 점점 타들어 갔다. 공장을 확장하고, 직원을 늘리고, 투자를 했기 때문에 성과가 잘 나야 하는데……. 기다리면서 마음이 다급하고 초조했다. 그렇게 날을 꼬박 새우고 나면 그다음 일주일은 피곤이 겹쳐서 일의 능률이 오르지 않았다. 그런 일이 반복되었다.

"조금씩만 주문하세요. 쓰면서 그때그때 주문해도 되니까요."

돈이 많이 없는 상황이기 때문에 자재도 필요한 만큼만 사야 한다고 말해도 공장장은 한꺼번에 많은 양을 주문했다. 지불해야 할 자재 대금이 순식간에 눈덩이처럼 불어났다. 자재는 내가 주문한다고 말해도 공장장은 말을 듣지 않았다.

"사장님, 우리 회사가 그동안 A라는 자재를 썼으니까 A를 구입해 주세요. B는 못 써요."

나와 오랫동안 일해 온 직원들이 공장장이 주문한 자재를 못 쓴다고 말을 해도 공장장은 끝끝내 B를 가져왔다. 그러고는 그 직원들을 마구 나무랐다. 도대체 어떻게 이해를 할까. 회사를 오래 경영해 본 것도 아니고 특별한 대책 없이 시간은 가고 있었다.

진퇴양난(進退兩難)

내가 사람을 잘못 채용했다는 사실을 깨닫게 되었다. 그렇다고 당장 공장장을 해고할 수도 없는 노릇이었다. 이 공장장이 들어온 지 얼마 되지 않았고, 새로운 공장장을 물색하려니 내가 아는 사람이 없었다. 진퇴양난이었다.

공장장은 나와 회사에 계속 피해를 주고 있는 상황이었다. 작업 관리도 제대로 안 돼 늘 야간작업을 해서 야근 수당까지 부담해야 했다. 야근 수당 100%를 지불해도 작업은 계속 차질이 빚어졌으며, 계속 적자가 발생했다. 투자는 많이 해 놨고, 자재는 차로 한가득 실어 와서 결제는 해야 하고…….

결국엔 문제가 터지고 말았다. 물건을 주문한 일본 업체에서 A를 주문했는데 B가 왔다며 항의 전화를 한 것이다. 어떻게 된 일인지 물어보니 공장장은 "그럴 수도 있지 않느냐?"며 얼버무릴 뿐 명확하게 해명을 하지 못했다. 결국엔 내가 나서서 해결을 했다. 이런 일들이 반복되었다.

당시 우리 회사에서는 일본어를 하는 직원이 없었기 때문에 어쩔 수 없이 옆 회사에 근무하는 여직원에게 부탁해서 상황을 얘기하고, 내용을 일본어로 번역해 달라고 부탁했다. "죄송합니다. A 물건은 B로 만들어 보내드리겠습니다. 그리고 A물건은 일본에 있는 다른 회사로 보내도록 조치할까 합니다. 클레임 처리를 하지 말아 주세요. 협조 부탁드립니다."

일본 회사에서 클레임 처리를 하게 되면 물건도, 물건 값도 돌려받지 못하는 상황이 된다는 내용의 팩스문서를 보냈고 며칠 후 답장이 왔다. "클레임 처리는 하지 않겠습니다. 걱정 마세요." 그렇게 상황 정리는 되었다. 이 일은 공장장과 잘 알고 지내는 바이어와 연관돼 생긴 일이었다. 우연인지 아닌지는 모르겠지만 의심하지 않을 수 없었다. 결국 왜 잘못 만들었는지 해명하지 못했기 때문에 그 일에 대한 책임으로 사직서를 쓰게 했다.

회사를 경영하면서 중요한 일들을 놓치지 않고 볼 수 있는 마음과 눈을 가지는 것도 사장의 몫이라고 생각해 본다.

공장장이 된 사장

결국 공장장을 내보내기로 결정하고 1년간 공장장을 두지 않고 내가 직접 현장에 가서 일을 했다. 여자의 몸으로 80kg이 넘는 돌도 직접 들어서 포장을 했다. 이렇게 일정 기간을 보내고 나니 이전

공장장의 부실운영으로 인해 생긴 빚을 어느 정도 갚을 수 있었다.

이전까지 직원들은 자기 부서 일만 했는데 사장인 내가 직접 나서서 업무를 처리하니 분위기가 바뀌기 시작했다. 각 부서의 직원들이 서로 도우며 일을 하기 시작했다. 그렇게 내가 직접 공장에서 직원들과 일을 하는 동안 업무를 많이 배울 수 있었고, 관리하면서 발생하는 문제점도 찾을 수 있었다.

한번은 지게차와 호이스트(공중에서 물건을 나르는 기계) 둘 중에 무엇을 구입해야 하는지 직원들 사이에 의견이 분분했다. 대다수 직원들이 지게차를 사자고 했다. 만일 내가 현장에서 직원들과 함께 일을 하지 않았다면 간단하게 직원들의 얘기를 듣고 판단했을 것이다.

결정은 호이스트였다. 더 많은 비용이 투자되더라도 넓게 보고 선택했다. 지게차는 자주 수리를 해야 하고 오래 사용하면 교체해 줘야 하는데 호이스트는 20년 이상을 사용해도 문제가 없을 것이라고 판단했다. 내 예상이 적중했다. 비싸긴 해도 호이스트는 관리비가 들어가지 않았고, 편리하고 다루기 쉽다는 이점이 있었다. 그때 구입한 호이스트로 지금도 우리 회사는 100배의 효과를 누리고 있다.

사장은 현장을 알아야 한다

그때 그 공장장의 잘못된 경영 판단으로 회사 규모는 필요 이상으로 커졌고, 부채가 갑작스럽게 늘어서 재정적으로 감당하기 힘든 상황을 맞았다. 그렇지만 그 상황을 직접 나서 처리하는 과정에서 많은 것을 배울 수 있었다. 전화위복이 된 것이다.

내가 현장을 알게 되니 단숨에 해결되는 일이 많아졌다. 그때 현장 업무를 완벽하게 익힌 덕에 지금도 현장에 들어가면 작업이 어느 정도까지 진행되었는지 정확하게 파악할 수 있게 됐다. 예정된 날짜에 물건을 못 맞출 것 같으면 야근을 해서 맞추도록 지시할 수 있을 정도가 되었다.

사장은 현장을 알아야 한다. 사무실에만 앉아 있지 말고 현장 속으로 뛰어 들어가야 한다. 그러면 제품, 현장, 자재, 직원 관리까지 회사가 어떻게 돌아가는지 전반적인 것을 파악할 수 있다. 사장이 현장을 훤히 알고 있으면 회사를 위한 최선의 선택을 할 수 있게 된다.

우리 직원들은 내가 공장에 처음에 들어가면 의례적인 인사를 하는 정도다. 그런데 두 번째 올라가면 긴장을 한다. '뭐가 잘못되어서 또 올라 오셨지?' 하는 눈치다. 세 번째 올라가면 쫓아와서 "무엇이 문제예요?" 하고 먼저 묻는다. 맞다. 뭔가 잘못된 것 같다 싶으면 내 눈에는 곧바로 보인다. 그렇지만 월권을 하지 않는 선에서 제대로 알고 얘기해야지, 그렇지 않으면 사기도 떨어지고 불평도 생긴다.

내가 확인하고 보낸 물건에 대해서는 상대 회사에서 문의 전화가 와도 자신 있게 대답한다. 반면 내가 확인하지 못한 것은 직원에게 확인해야 하고, 내가 자신 있게 답변할 수가 없다. 열정 없이는 책임을 다할 수 없는 것이다.

5 직원들에 대한 사랑

이 세상에서 가장 행복한 사람은
일하는 사람, 사랑하는 사람,
희망이 있는 사람이다.

〈에디슨〉

직원들의 이야기에 귀 기울여라

열심히 일하는 직원들을 사랑하지 않을 수 없다. 석재를 가공하는 일 자체가 소음이 크고 분진도 많아서 너무 힘들기 때문이다. 기계 시스템이 잘되어 있다고는 해도 여전히 사람이 무거운 돌을 세밀하게 다듬어야 하는 힘든 공정의 연속이다. 이런 특성 때문에 사장과 직원들이 서로 이해와 사랑 없이 일을 하면 더 힘들고 능률을 내지 못하고 힘만 소진하게 된다.

가끔은 우리 회사를 떠났다가 다시 돌아오는 직원들도 있다. 다시 와 준다는 것은 굉장히 기쁜 일이다. 돌아온 직원들은 기꺼이 자신들을 받아 주는 나를 고마워한다. 나는 진짜 우리 직원들을 좋아한다. 그래서 직원들의 어려움을 들어 주고 함께 고민하는 시간을 종종 갖는다.

한 직원이 내게 무언가 이야기하고 싶어 했고 나는 그 직원이 하는 얘기를 들어주었다. 그는 마음 착하고 열심히 살고 있었다. 기술이 좋아서 돈도 잘 벌어갔다. 그런데 부인과 불화로 잦은 다툼을 하고 있었다. '이토록 성실하고 유능한 사람이 왜 부인과 자주 다투게 되는 것일까?' 의심스러웠다. 소통이 안 되기 때문인 것 같았다. 서로 얘기를 귀 기울여 들을 수 있고, 관심과 배려하는 마음이 있다면 불필요한 갈등이나 다툼은 발생하지 않는다.

얼마나 석재 일이 힘든지 부인은 모르는 것 같다. 남들보다 돈도 두 배 이상 벌어갔다. 돈을 많이 벌어갈 때에는 기술도 남다르고 더 많은 노력이 있어야 하고, 훨씬 더 힘든 일을 하기 때문에 동료들보다 많은 수입을 가져간다. 그런데 부인은 그런 남편을 이해하지 못하고 자주 언쟁을 벌인다는 것이다. 참으로 안타깝다.

한번은 다른 직원이 부인과 다투고 나를 찾아왔다. 그는 가끔 부부싸움을 하고 난 후 나를 찾아오곤 했었다. 그래서 밤새 그 직원의 이야기를 들어 줬다. 그 답답함을 어디엔가 쏟아내고 싶었을 것이다. 그런데 그냥 보낼 수가 없다. 그 직원은 마음속에 속상함을 다 털어 내고 나면 속이 좀 후련해졌을 것이다. 나는 그의 마음을 읽을 수 있었고 그로 인해 그 직원을 더 이해할 수 있었다.

이야기를 하다 보니 직원이 오랜만에 그리운 고향에 가 보고 싶다고 해서 고향인 대천까지 데리고 다녀왔다. 돌아오니 새벽 4시였다. 전날 밤만 해도 힘들고 괴로워했던 직원이 함께 시간을 보내고 난 다음날이 되자 이렇게 말했다.

"날밤을 새웠는데도 피곤하지 않아요, 사장님. 너무 행복해요."

그 직원은 지금도 우리 회사에서 일하고 있고, 다른 직원들에게 늘 우리 회사 자랑을 한다. 내가 열 마디 하는 것보다 직원들끼리의 한마디가 더 효과가 있으리라.

시간과 마음을 기꺼이 나눠라

사장이 직원들의 이야기를 들어 주지 않으면 직원들의 마음을 이해할 수가 없다. 들어 줘야 어떤 부분이 힘든지 알 수 있고, 도와줄 수 있는 방법을 찾을 수 있고 위로를 해 줄 수 있다.

누가 시켜서 그런 것이 아니라 내가 좋아서 직원들에게 시간을 낸다. 사실 회사 대표의 시간은 직원들의 시간과는 다르다. 신경쓸 일이 너무 많지만 직원들은 우리 회사의 중요한 존재이기 때문에 기꺼이 시간을 내줄 수 있다.

"사장님 고맙습니다."
"비록 큰 것은 아니지만 제가 당신을 사랑하기 때문에 주는 거예요."

혼자 생활하는 직원이 있다. 누구랄 것 없이 식사를 해결하는 일이 결코 만만치 않은데 남자 혼자 몸으로 일과를 마치고 귀가해서 쓸쓸히 밥을 지어 먹는다고 생각하니 안쓰러운 마음이 들었다. 그래서 가끔은 반찬을 넉넉히 만들어 싸 주기도 하고 김치도 좀 더 많이 담아서 챙겨 주고는 했다.

얼마 전 햅쌀을 구입해 밥을 지어 먹었는데, 밥맛이 너무 좋아 직원들 생각이 났다. 그래서 그 햅쌀을 사서 혼자 밥을 해 먹는 그 직원 차에 실어 놓았더니 전화가 왔다. 비싸고 좋은 것은 아니지만 그냥 주고 싶어서, 좋은 것과 맛있는 것은 나누고 싶어서 넣어 둔 것이라며 통화를 끝냈다. 그 마음속에는 서로를 위하는 마음이 있으리라. 이렇게 직원들과 끈끈한 관계를 유지하다 보니 우리 회사 직원들의 재임 기간은 보통 20~30년이다.

직원들에게 주는 것을 아까워하지 마라

산에 납골묘를 설치하러 가면 '상량식'이라는 의식을 행한다. 이때 보통은 납골묘 주인들이 일꾼들에게 같이 술자리라도 가지라며 웃돈을 조금씩 주는 것이 상례이다. 식사도 많이 준비해서 푸짐하게 먹을 수 있게 한다. 그런데 요즘은 상황이 조금 다르다. 젊은이들은 어르신들과 정서가 달라서 웃돈을 주는데 좀 인색한 편이다.

"이 납골묘 가족들의 집에 축복을 빕니다."

우리 직원들이 상량식을 한다고 줄을 걸어 놨는데 아무것도 걸려있지 않으면 창피할 것 같아서 내가 가장 먼저 줄에 10만 원 정도를 걸어 놓는다. 결국 수고한 우리 직원들에게 가는 돈이기 때문에 나는 전혀 아깝다는 생각을 하지 않는다. 내가 이렇게까지 하면 주인들은 결국 그냥 넘어갈 수 없다. 결국 얼마라도 수고비를 내놓게 된다. 그렇게 마련된 돈은 모두 수고한 우리 직원들의 몫으로 돌아가니 내 기분이 좋다. 직원들도 기분이 좋으면 툴툴 털고 그냥 가지 않는다. 복 받으시라고 가족들에게 인사를 꾸벅꾸

벽한다.

"천일석재를 잊을 수가 없습니다. 그때 상량식 때 저도 있었는데 사장님이 직원들을 생각하는 마음이 무척 좋았습니다. 그 회사 직원들도 사장님 멋지다고 좋아하더라고요. 기회가 되면 천일석재에 가서 일을 해 주고 싶습니다."

한번은 공사 현장에 인부가 필요해서 인력 업체에 갔는데 그곳에 나와 있는 인부 중 한 분이 다가와서 이렇게 말을 건네는 것이었다. 작은 일이었는데 우리 회사 직원도 아닌 분이 그렇게 의미 있게 기억하고 있을 줄은 꿈에도 몰랐다.

작은 것에도 마음과 사랑이 담겨 있다면 어떤 상황에서도 그 뜻은 전달되어진다.

직원들의 인격을 존중하라

나는 직원들에게 절대 화를 내지 않는다. 나에게까지 꾸지람을 받으면 스스로 초라하게 여길 것 같다는 생각을 하기 때문이다. 직원들 모두에게 인격이 있다. 비록 어쩔 수 없는 상황 대문에 힘든 석재 일을 시작한 분들이 많지만 손재주가 뛰어나고 우리 회사에 없어서는 안 되는 귀하고 소중한 분들이다.

절단부의 반장이 회사를 퇴사하게 되어 대체 인력을 구하는데 갑자기 구하려니 마땅치가 않다. 대부분 소개를 해 주시는 분의 인격을 믿고 결정하게 된다. 그런데 새로 오신 분이 일을 얼마나 잘 해줄지는 몰라도 첫인상이 썩 좋아 보이지 않았다. 어느 대기업 회장님이 면접할 때 첫 인상을 중요시한다는 이야기를 들은 적 있다. 나에게도 첫 인상이 좋지 않을 때에는 뭔가 느낌이 온다. 또 걸어오는 모습에서 그 사람의 열정과 의욕을 읽을 수 있다.

소개를 받고 회사를 방문한 이분은 작업 시간에 핑계를 대고 집에 가는 일이 많았다. 겨울, 어느 날에는 기계 앞 공간 바닥이 얼었던 모양이다. 그가 그곳에서 작업을 하다가 미끄러워서 넘어졌다며 허리가 아프다고 하여 퇴근해 집으로 돌아갔다. 작업공간이 얼면 각별히 조심을 해야 하는 것은 물론이고 뜨거운 물로 언 곳을 녹여가며 작업을 계속하게 된다. 책임자가 아무런 조치 없이 퇴근해 버리고 나니 그 부서는 일을 할 수 없게 된다. 참으로 난처한 상황을 맞게 된 것이다.

겨울이라 크게 바쁘지 않아서 문제는 되지 않았지만 앞으로의 일이 걱정이 되었다. 안되겠다 싶어 공장장과 함께 그 직원을 식당으로 불렀다. 식사를 마치고 내가 조심스럽게 말문을 열었다. "책임자는 제일 먼저 출근해 제일 나중에 퇴근해야 한다." 그렇지 못한 반장의 잘못을 이야기하고 있던 도중 배석해 있던 공장장이 반장을 향해 "우리가 애들이냐? 그런 교육을 사장님한테 받아야 되겠느냐?"고 소리를 버럭 지르고는 밖으로 나가 버렸다. 그 자리에서 반장은 나에게 무릎을 꿇고 죄송하다고 용서를 구했다. 그 뒤로 그는 열심히 일하게 되었다.

함께 일하다 보면 대부분의 직원들이 얼마나 인간적으로 훌륭한지 알 수 있다. 그렇기 때문에 직원들에게 함부로 대하면 안 된다. 대부분 착하고 순진하지만 간혹 잘난 척, 강한 척하기를 즐기는 직원들도 있다. 하지만 사장인 나는 그런 부류의 직원들에게는 강하게 대하고, 착하고 순진한 직원들에게는 보다 많은 애정으로 대해준다.

착하게 열심히 일해 주는 직원들이 있기 때문에 오늘날의 번성한 천일석재가 있다. 나는 항상 직원들을 귀하게 생각하는 마음을 지킬 것이며 변하지 않을 것이다.

6 모든 인연은 소중하다

인연의 싹은 하늘이 준비하지만
이 싹을 잘 지켜 튼튼하게 뿌리 내리게 하는 것은
순전히 사람의 몫이다.

〈한비야『바람의 딸 우리 땅에 서다』中〉

여사장에 대한 편견

"어떻게 여사장 밑에서 일을 해? 굶어죽는 한이 있어도 그렇게
는 못 해!"

험하고 거친 석재 가공업을 경영하다 보니 주로 남성들과 일을
하게 된다. 여자의 몸으로 석재 일을 하는 나를 바라보는 주위의
시선이 곱지만은 않다. 게다가 사업 초창기인 80년대 초에는 내
가 나이가 젊었고, 여성이 사회에 진출해 바깥일을 하는 경우가 드
물었다. 직원들 대부분이 나보다 나이가 많았으니 그 또한 어려움
이었다. 특히 현장의 모든 책임을 떠안아야 하는 공장장을 선임할

때는 신중에 신중을 기해야 했다. 사업을 하면서 내가 극복해야 할 장애물 중에 하나가 바로 이러한 편견이었다.

회사를 휘청하게 만들었던 공장장을 퇴사시키고 거의 1년 동안 직접 공장을 관리하면서 회사가 어느 정도 안정을 되찾았다. 효율적으로 회사를 운영하기 위해서 나는 사장의 역할에 좀 더 전념해야 했고, 새로운 공장장이 필요했다.

사람을 구한다고 공고를 내자 한 명이 찾아왔는데 그는 여자 사장에 대해 강한 편견을 드러내 보였다. 처음에는 내가 여사장이라는 이유로 우리 회사에 오지 않으려고 했다고 한다. 그런데 결국에는 나의 팬이 되었다. 그 공장장님과의 일화를 되짚어 본다.

공장장의 마음을 사로잡다

옛날에는 석재 회사가 영세업이라서 급료를 제대로 주지 못하는 곳이 있었다. 하지만 나는 무슨 일이 있어도, 빚을 내서라도 직원들 월급만은 제날짜에 챙겨서 주는 것을 원칙으로 했다.

공장장의 아내는 회사 대표가 직원들 월급을 제날짜에 꼬박꼬박 챙겨 준다는 것에 대해 깊은 신뢰를 가졌다고 한다. 그래서 그 부인은 여사장 밑에서는 절대로 일하지 않겠다고 고집을 피우는 남편을 어떻게든 설득해서 우리 회사에서 일하게 만들었다.

"오토바이를 사 주고, 좋아하는 낚싯대를 사 주고 수없이 설득해서 제가 남편을 천일석재에 보냈습니다."

"처음엔 무척 마음에 들어 하지 않았다고 들었는데 지금은 어때요?"

"너무 좋아하는 것 같아서 걱정이에요."

대부분의 직원들은 회사에서 그리 멀지 않은 곳에서 살고 있다. 공장장의 집은 회사에서 15분 거리에 있기 때문에 자주는 아니어도 1년에 몇 번 정도는 방문할 일이 있었다. 가족과 식사를 하기도 했고……. 그런데 막내딸이 내가 가면 맛있는 것을 사주는데도 별로 달가워하지 않았다.

처음에는 무심코 지나쳤는데 나중에는 뭔가 좀 이상하다 싶어 공장장에게 물었다. 공장장 딸이 내가 자기 아빠를 좋아해서 오는 여자처럼 느꼈다는 말을 들고 웃었지만, '세상일은 내 생각대로만 되는 것은 아니구나.' 하는 것을 깨닫게 되었다. 그 아이 눈에는 사장과 직원이 아닌 남자와 여자로 보였던 것 같다. 훗날 공장장님의 부인을 만났을 때 그런 뒷이야기들을 들으면서 한바탕 웃기도 했다.

당신의 기쁨이 있는 곳에 당신의 보물이 있다.

당신의 보물이 있는 곳에 당신의 마음이 있다.

당신의 마음이 있는 곳에 당신의 행복이 있다.

〈성 어거스틴〉

떠난 직원도 팬이 된다!

지금은 다른 곳에서 일하고 있는 그 공장장님은 힘들고 어려운 일이 있을 때면 나를 찾아오곤 하는데, 그때마다 나는 반갑게 맞아준다. 어느 날 전화가 왔다.

"저는 지금 금산 납골묘 때문에 가는 길인데요. 어떤 일로 전화하셨어요?"

"사장님, 그럼 제가 금산 가는 길에 대둔산에서 기다릴게요."

"왜요?"

"그냥요~"

차를 마시면서 많은 이야기를 했다. 힘든 자신의 속내를 털어놓기도 했다. 나는 듣고서 진심으로 위로해 주었다.

"제가 천일석재가 아니면 이 근방에서는 일을 하지 않겠습니다."

그가 우리 회사를 떠나면서 남긴 말이다. 정말 그 말처럼 그는 익산을 떠나 순천에 자리를 잡았다. 한번은 내가 구례 근처에서 일을 하는데 돌에 문제가 생겨서 그에게 전화를 해서 도움을 청했다. 그랬더니 만사 제쳐 두고 와서 우리 일을 도와 줬다.

그런 일들이 하루아침에 이루어질 수 있는 것은 아니라고 생각한다. 물질적 이해관계를 떠나 진정한 마음에서 이루어졌을 때만이 행하여질 수 있다고 생각한다.

모든 인연은 소중하다

보통은 직원들이 직장을 그만두면 사장과는 관계가 소원해지기 마련인데 나는 회사를 떠난 직원들과도 연락을 하면서 잘 지내고 있다.

나는 내가 만났던 직원들을 사랑한다. 좋은 인연에 대한 감사에서 우러나오는 감정이다. 그들이 있었기 때문에 오늘날의 천일석재가 튼튼하게 버티고 있는 것이다. 현재 함께 일하는 직원들은 물론이고 여러 이유로 우리 회사를 떠난 직원들과의 인연도 모두 소중하다. 그래서 그들을 생각할 때마다 사랑의 감정이 솟아난다.

한 사람 한 사람과의 인연을 소중하게 여기는 마음! 직원 개개인에 대한 사장의 진심 어린 관심과 사랑! 이것이 나를 싫어했던 직원들도 나의 팬으로 만들었던 나만의 방법이지 않았나 생각한다.

그래도 지나고 보면 '그때 더 잘해 줄 걸, 그때 더 사랑해 줄 걸…' 하는 생각을 갖는다. 그리워하면서도 자주 만날 수 없는 인연들. 그 시간은 다시 오지 않는 것을…. 그때는 지나가고 없다. "사랑이 세상을 움직이며 사랑만이 우리가 살아갈 수 있는 원동력이다."라는 글을 읽은 적이 있는데 아무리 생각해봐도 정말 맞는 말이다.

7 눈빛으로 대화하라

굴은 마음의 거울이며,
눈은 말없이 마음의 비밀을 고백한다.

〈성 제롬〉

직원과 나누는 눈빛 대화

금산의 어느 산속에서 납골묘 공사를 하게 되었다. 그런데 우리
'천재 공장장님(일을 정말 잘해서 내가 부르던 애칭)'이 일을 마무리를 하
지 못하고, 납골묘 안에서 더듬더듬 작업을 계속하고 나오지 않고
있었다. 뭔가 이상하다 싶어서 안으로 들어가서 살펴보았다.

"뭐가 문제예요?"
"사장님, 여기 좀 보세요."
"흠……."
"다른 작업부터 하고 계세요."

도면에 실수가 있었는지 돌을 자르면서 실수를 했는지 모르겠지만 돌이 맞지 않았다. 돌이 크면 자르면 되는데 오히려 크기가 작았다. 그래서 얼른 다른 일부터 하게 하고, 나는 서둘러 금산에서 익산까지 150~170km 속력으로 차를 몰아 단숨에 공장으로 왔다.

가는 길에 다른 공장과 우리 공장에 전화해서 빨리 그 규격의 돌을 찾아서 자르라고 지시했다. 그렇게 조치해서 익산에 도착하자마자 물건을 싣고 다시 금산으로 향했다. 다행히 다시 작업한 돌의 규격이 맞아 마무리를 잘할 수 있었다. 원래 예상한 시간보다 조금 늦어졌지만 고객은 우리가 일을 잘하느라고 늦어진 줄로만 알고 있었다.

현장에서는 눈빛 대화가 더 빠르다

고객이 현장에 나와서 지켜보는 가운데서 일을 할 때는 직원들에게 큰소리로 말하지 말고 눈빛으로 서로에게 이야기하라고 주문한다. 작업을 하다 보면 실수하는 부분도 생긴다. 그러면 공사가 마무리되기 전까지 그 부분을 분해해 다시 완벽하게 공사를 마무리한다. 그런데 잘못된 부분을 큰소리로 말하다 보면 옆에서 듣고 있던 주인은 별 것 아닌 일도 대단한 문제가 있는 것처럼 반응한다. 그래서 일을 깔끔하게 마무리해 줄 때까지 눈이 중요한 소통의 도구가 된다.

전문가들끼리는 눈빛만 봐도 무엇을 원하는지, 무엇이 문제인지 알 수 있다. 그것을 말로 하면 여러 사람들이 들어서 오히려 시끄러워진다. 우리 남편부터도 문제가 생긴 것을 알면 제대로 못해왔다고 소리를 지르고 대부분의 고객들은 한술 더 뜬다. 그렇기 때문에 설령 문제점이 발생하면 다른 사람들은 알 필요가 없다. 작업 담당자와 사장인 나만 알면 된다.

'사장님, 여기 문제가 생겼어요.'
'이것을 해결해야 하는군요. 알았어요!'

이렇게 천일석재는 어떤 문제가 생기든 말로 하지 않고, 행동과 눈빛으로 항상 일을 해결한다. 이것이 직원들과 나와의 대화 방식이다.

눈빛으로 대화하는 방법

말이 아닌 눈빛으로 대화를 나누려면 서로를 믿고 신뢰하는 마음이 바탕에 있어야 한다. 그래야 문제가 생겼을 때 재빠르게 해결할 수 있다. 함께한 시간이 오래될수록 눈빛 대화가 잘 통한다는 사실을 굳이 설명할 필요도 없다. 우리 회사 직원들은 대부분 나와 20년 가까이 일을 했기 때문에 현장에서 잘 통할 수밖에 없다. 딱 한마디만 던져도, 눈빛만 봐도 무엇이 문제이고 불만인지 알 수 있다.

"사장님은 현장에 오시면 어떻게 직원들 마음을 그렇게 잘 알아요?"

우리 회사 공장장이 내게 물었다. 비결이라고 할 게 달리 없다. 오랫동안 직원들과 함께 현장에서 일을 하고 직원들에게 관심을 갖고 대하다 보니 자연스럽게 직원들의 마음이 읽힌다.

특히 아침 작업 시간에 인사말을 건네면서 직원들의 마음 상태를 가장 쉽게 파악할 수 있다. 인사를 제대로 받지 않고 고개를 돌리거나 눈을 마주치지 않으면 마음속에 불만이 있는 것이다. 이런 마음 상태는 그날 일을 할 때 그대로 전달되어 부정적인 행동으로 이어지게 된다.

사장이 직원들과 눈빛으로 대화를 하려면 항상 직원들의 모든 것을 눈여겨봐야 한다. 그래야 현장에 나가서도 일을 잘 진행할 수 있다. 눈빛으로 하는 대화는 결국 진심 어린 관심에서 출발한다.

"눈은 마음의 창(窓)이다."라는 말이 있다. 창문으로 빛이 들어오고 나가듯, 눈을 통해서도 사람들은 마음속 이야기들을 전달하고 전달받는다. 그래서 때로는 말로 다할 수 없는 이야기들을 눈이 대신해 주기도 한다. 그래서 눈은 중요한 대화의 통로다. 일을 할 때 눈을 적절하게 활용하면 어려움도 재빠르게 해결할 수 있다.

8 사랑하면 이해 못할 게 없다

사랑은 무엇보다
자신을 위한 선물이다.

〈장 아누이〉

부의(賻儀) 봉투를 몰랐던 여직원

우리 회사는 시골에 있다 보니 여직원을 구하기가 어렵다. 그래서 누군가 입사 지원을 하면 실력이 조금 부족하더라도 바로 채용할 수밖에 없다. 시골의 작은 석재 회사 치고는 할 일이 많은 편이다. 정해진 규격에 정해진 거래처에서 주문이 오고 가는 게 아니라 새로운 거래처에서 주문이 오며, 새로운 형태의 물건을 조달해 등록해야 하고 개발해야 하기 때문에 사무실 일이 까다롭고 어려운 편이다.

하루는 부지런하고 차분해 보이는 여성분이 면접을 보러 왔다.

컴퓨터를 다룰 줄 안다면 같이 일해도 좋을 것 같아서 바로 직원으로 채용했다.

어느 날 여직원에게 급히 부의(賻儀) 봉투를 하나 만들어 가지고 오라고 지시를 했더니 노란 대(大) 봉투에 부의를 찍어 가지고 왔다. 너무 황당해서 부의가 무슨 말인지 모르냐고 물었더니 모른다고 대답을 했다. 그래서 우리 회사 흰 봉투에 부의를 찍어서 가져오라고 하여 "여기에 돈을 넣으면 됩니다."라고 설명을 해 줬다.

사실 처음에는 그 여직원을 이해하기가 힘들었다. '전문대학까지 나왔다는 사람이 어떻게 이런 기본적인 것을 모를 수 있을까?' 하지만 시간이 지나면서 내 생각이 잘못되었다는 것을 깨달았다. 부의금 봉투를 본 적이 없으면 모를 수도 있는 것이다. 사람이 배웠다고 해도 경험해 보지 못하면 그럴 수도 있겠다 싶다. 나도 모르는 것이 많지 않은가?

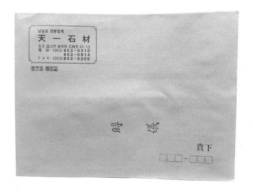

직원이 사장의 물건을 허락 없이 쓸 때

어느 초겨울에는 이런 일도 있었다. 난로 2개를 피워도 사무실이 추워서 조끼를 입고 사무실에서 일을 해야 했다. 나는 습관적으로 일을 하다가 밖에 나갈 때는 의자에 조끼를 걸쳐 둔다. 어느 날 사무실에 들어와서 보니 여직원이 말도 없이 내 조끼를 입고 있었다. 벗어 달라고 말도 못하겠고 뭐라고 할 수도 없어서 어쩔 수 없이 나는 다른 스웨터를 입었다.

며칠이 지났다. 이번에는 여직원이 내 조끼를 빨지도 않고, 한쪽은 살짝 눌린 채로 아무렇게나 의자에 걸쳐 놓고는 아무 일 없었다는 듯이 일을 하고 있었다. 바로 얘기하면 무안해 할까 봐 다음날 얘기를 꺼냈다.

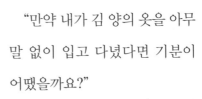

"만약 내가 김 양의 옷을 아무 말 없이 입고 다녔다면 기분이 어땠을까요?"

여직원은 나의 물음에 멍하니 쳐다보기만 하더니 이내 고개를 숙였다.

"하물며 얘기도 없이 사장의 조끼를 입고 다니다가 아무렇게나 걸쳐 놓는 것은 아주 잘못된 거라고 생각해. 그런 부분은 주의해 주면 좋겠어요. 내가 말하지는 않았지만 기분이 좋지 않았거든요."

사랑하면 이해 못할 게 없다

여직원은 미안해서 어찌할 바를 몰랐다. 처음에 입었을 때 내가 화를 내고 벗으라고 했다면 여직원은 이유를 대며 다른 생각을 했을 것이다. '추워서 잠깐 입었는데 되게 뭐라고 하네.' 하면서 말이다.

"배운 것이 너무 많았어요. 천일석재에서 경험했던 일들을 잊지 못할 거예요."

몇 년 후 그 여직원은 이렇게 말을 하고 웃으면서 기쁜 마음으로 퇴사했다. 급한 성격의 소유자인 나는 때로는 순간의 상황을 참지 못하고 화를 내기도 한다. 그렇지만 직원들을 통해서 뒤를 돌아보고, 기다림 속에서 생각하면서 내 마음을 수양하는 법을 배웠다. 사랑하면 이해 못할 게 없다. 그리고 용서 못할 게 없다.

주님, 저를 당신의 도구로 써 주소서.

미움이 있는 곳에 사랑을

다툼이 있는 곳에 용서를

분열이 있는 곳에 일치를

의혹이 있는 곳에 신앙을

그릇됨이 있는 곳에 진리를

절망이 있는 곳에 희망을

어두움에 빛을

슬픔이 있는 곳에 기쁨을

가져오는 자 되게 하소서.

위로받기보다는 위로하고

이해받기보다는 이해하며

사랑받기보다는 사랑하게 하여 주소서.

우리는 줌으로써 받고

용서함으로써 용서받으며

자기를 버리고 죽음으로써

영생을 얻기 때문입니다.

'평화의 기도'(아시시의 성 프란치스코)

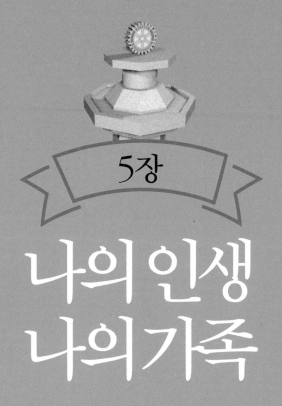

5장

나의 인생
나의 가족

1 부지런함, 아버지가 주신 유산

> 나눔은 우리를 '진정한 부자'로 만들며,
> 나누는 행위를 통해 자신이 누구이며
> 또 무엇인지를 발견하게 된다.
>
> 〈테레사 수녀〉

대가족의 가장이셨던 아버지

아버지는 새벽 4시면 일어나서 기도를 하고 캄캄한 새벽길을 걸어 논에 물을 대러 나가셨다. 먼동이 트일 무렵이면 삼촌들과 나도 일어나서 논으로 나가서 일을 했다. 아침 7시까지 일을 하고 들어와서 부랴부랴 씻고 아침을 먹고 준비해서 8시 통학차를 타야만 한다. 논에서 늦게 오는 날에는 소금으로 이조차 닦지 못하고 뛰었다.

어머니가 집에서 청소나 하고 따라 가지 말라고 눈치를 주셨지만 그래도 나는 삼촌들을 따라 논에 가서 같이 일을 했다.

"쟤는 아버지가 있으니깐 일도 안 시킨다."

나와 동갑내기인 막내 삼촌이 이렇게 생각하며 슬퍼할까 봐, 누가 뭐라고 하지 않아도 항상 같이 다니면서 함께했다.

할아버지께서는 내가 초등학교 3학년 때 돌아가셨다. 그때부터 맏아들인 아버지께서 동생들의 보호자가 되셨다. 아버지는 동생을 비롯해서 대가족을 책임지셔야 했다. 때로는 농사철이 되면 학비며 영농비가 없어 힘들어 하시는 아버지를 보면서 자랐다. 그런 가운데에도 아버지는 동네 이장이며, 천주교 회장도 도맡아 하셨다. 예전이나 지금이나 그런 일을 하게 되면 관리도 해야 하고, 마을에서 챙겨야 할 일이 많다.

어렸을 때 기억에 성당에는 미국에서 원조되어 온 밀가루가 가득했다. 아버지께서는 그 밀가루를 부역(마을길을 닦는 일, 성당을 수리하는 일)을 하는 어려운 사람들에게 우선으로 나눠 주셨다. 그런데도 집에는 가져오지 않으셨다. 조금이라도 이유 없이 가져오는 것은 죄라고 생각하셨다. 아버지는 평생을 새벽부터 밤늦게까지 일을 해서 얻은 것이 내 것이라고 생각하며 사셨다.

옛날 우리 집에는 작지만 여러 개의 방이 있었다. 삼촌들이 자라서 하나둘 직장을 찾아 서울로 떠나고 나니 방이 좀 넉넉해졌다 생각할 즈음, 방 한 칸은 어려운 사람에게 빌려주고 내가 쓰는 방은 계절에 맞춰 찾아오는 손님들의 차지가 되었다.

정월에는 김 장수가 찾아왔다. 주로 여수에서 완행열차를 타고 전주에서 내리면 여관으로 가야 되니까 전주역 옆에 있는 간이역에서 내린다. 역에서 걸어서 우리 집까지는 불과 5분 거리였다. 무언가 한 보따리씩 이고 들고 들어오던 아주머니는 "회장님 댁이지요?" 하며 우리 집으로 들어왔다. 우리 어머님은 "어서 오세요. 방으로 들어가세요. 무척 춥습니다." 하고 안내하셨다. 그 방이 바로 내가 거처하는 방이었다.

이런 분들이 한두 분이 아니었다. 보통 아주머니들이 4~5명씩 함께 다니셨다. 보따리를 내려놓고 몸을 녹인 후, 저녁을 드시고 내 방으로 들어와 주무실 준비를 하셨다. 그런데 이분들은 방 값, 밥값은 내지 않고 본인들의 김 값은 다 받아 가셨다. 나는 이런 모습을 보고 어머님께 짜증을 냈다. 아빠가 힘들게 고생해서 농사지은 쌀을 왜 공짜로 주는 것이냐고 따진 것이다. 어머니는 "얼마나 먹는다고 그러냐. 그게 다 복 짓는 거란다." 이렇게 말씀하실 뿐이었다.

소문이 났는지 3월이면 미역 장수도 와서 쉬어 갔다. 6월이면 멸치 장수도 다녀갔다. 9월에는 소쿠리 장수가 멈추어 쉬어가기도 했다. 그럴 때마다 조금 싸게 주는지는 모르겠지만 어머니는 그런 물건들을 잔뜩 사셨다.

베푸는 삶, 아버지가 주신 유산

옛날에는 학교에 다닐 때 2시간씩 걸어서 오는 애들도 있었다. 그중에 친척도 있었다. 그럼 삼촌 집이라고 하면서 멀리 가기 싫으니까 슬그머니 들어와 있다가, 해가 저물어도 가지 않고 하룻밤 잔 후 다음날 학교로 가는 친척 동생, 오빠들도 있었다.

우리 집은 학교도 가깝고 성당도 가깝고 역전도 가까워 쉬어 가는 쉼터처럼 힘들고 어려운 사람들이 참 많이도 다녀갔다. 부모님께서 이런 분들에게 덕을 많이 베푸셨다. 그래서 "강 모 씨의 딸입니다."라고 말하면 결혼할 때 문제될 일은 없을 것이라고 주변에서 말씀하셨다. 잘난 것 없이도 우리 어머니께서 콧대를 좀 세우셔도 주위에서 욕하는 이는 없었던 것 같다.

일요일은 성당 미사가 끝나면 12시가 거의 다 되었다. 그러면 멀리 가야 하는 교우분들은 식사를 하기 위해 "회장님 계세요?" 하고 우리 집으로 들어오셨다. 그래서 어머님은 일요일이면 으레 큰 소쿠리에 보리밥을 가득해 놓고 성당에 가셨다. 그래도 그 밥이 다 없어졌다. 아버지가 새벽부터 밤늦게까지 일하시다가 너무 고단해 술을 마시고서야 식사를 하실 정도로. 힘들게 농사일을 해서 만든 곡식을 아무에게나 나누어 주는 게 큰딸로서 가슴이 쓰리고 아팠다.

한번은 옆방에 세를 사는 젊은 아주머니가 애기 하나 키우면서 놀다가 꼭 밥 때가 되면 와서 밥만 먹고 그냥 갔다. 나는 그게 화가 나서, 그 아줌마가 밥 먹으면 앞으로 내가 굶겠다고 며칠을 안 먹고 누워 있었던 기억이 난다. 아무래도 나이가 어려서 사랑이 부족하지 않았나 싶다.

가끔 동네 어른들이 우리 집은 그래서 자식들이 잘사는 거라고 말씀하신다. 부자는 아니어도 즐겁게 행복하게 사는 것이 어머니, 아버지 덕이라고 생각하며 살고 있다. 나누며 사는 것이 결국 나쁜 것은 아니었던 것 같다고 느끼는 순간, 지금은 곁에 계시지 않는 아버님이 그립다. 사랑하는 아버님……

2 사람 좋아하는 부모님

> 어머니는 우리의 마음속에 얼을 주고,
> 아버지는 빛을 준다.
>
> 〈장 파울〉

가족을 사랑한 어머니

우리 집의 한 분뿐인 고모님이 고모부와 사별을 하신 뒤 고종사촌 오빠, 언니, 동생이 우리와 함께 지냈다. 그때에는 전깃불이 없어, 가능한 한 어둡기 전에 저녁 식사를 마쳐야 했다. 해가 저물면 각자 등불 아래에서 공부를 하기도 하고, 책을 보기도 했다. 그동안 우리 어머니는 저녁 간식을 준비하셨다.

여름에는 감자를 넣고 밀가루 수제비를 큰 함지박에 가득 끓여 놓으신다. 그런데 대가족이라 그런지 조금 늦게 가면 음식은 바닥이 났다. 깜깜한 호롱불 아래에서 가족의 간식을 준비하신다는 것은 가족에 대한 큰 사랑이 있으셨기에 가능했던 일일 것이다. 그 당시에는 간식거리가 흔치 않기 때문에 만들어야만 먹을 수 있었다.

어떤 날은 감자를 찌게 되었다. 그날은 내가 불려가서 감자를 한 개, 한 개를 일일이 긁어 깎아야만 했다. 그래야만 아린 맛이 없는 감자를 맛볼 수 있기 때문이었다. 그 많은 가족을 먹게 하려면 한 시간은 족히 감자를 벗겨야 했던 것 같다. 철부지였던 나는 밥을 먹었는데 놀다가 자면 되지, 간식을 하셔서 나만 힘들게 한다고 짜증을 내기도 했었다. 당시 사회는 남자들이 그런 일을 하는 것이 용납되지 않았다. 삼촌들도 오빠도 모두 남자들이라서 나만 만만했던 것이다.

가을에는 얇은 배추를 솎아 내어 그것으로 겉절이를 담은 후 남은 찬밥에 먹었던 그 맛 또한 일품이다. 겨울에는 밤이 좀 길기 때문에 가족들이 둘러앉아 화투 놀이를 했다. 그래서 지는 사람이 돈을 내 국수 면을 사오면(가게에서는 우리 집에서 누군가가 국수 면을 사 가야만 문을 닫았다), 우리 어머님이 그 면을 삶아서 비빔국수를 요리하셨다. 동치미 국물과 함께 먹었던 비빔국수 맛을 잊을 수 없는 것은 나뿐만이 아니다. 가족 모두가 만나면 하는 옛 이야기이다. 그만큼 국수 야식은 우리의 일상이었다.

생각해 보면 옛날에는 기계를 이용해서 도움을 받을 수 있는 게 없었다. 김치를 담으려면 고추를 씻어서, 절구에 빻아서, 갖은 양념을 갈고 하는 등의 절차를 일일이 손으로 해야 했다. 그러니 아주 오랜 시간을 들여야 김치를 담글 수 있었다. 그런 복잡한 일도 당연히 하는 것으로 알고 어떻게든 맛있게 해주시려고 애쓰시던 어머니……. 그래서인지 음식 맛은 일품이라고 친척들은 지금도 칭찬을 하신다. 나이 드셔서도 칭찬은 좋으신지 뿌듯해 하시며, 맛있는 것을 찾아서 내어 오시는 우리 어머니! 사랑합니다.

서로 나누고 배려하고 하는 것에서 얻어지는 행복을 이제야 깨닫게 되었다.

이웃을 사랑한 아버지

옛날에는 창고가 있어도 방 한구석 모퉁이에 퉁가리를 세워 놓고 그 속에 고구마를 가득 채워 놓았다. 밖에 놓으면 얼어서 썩었기 때문이다. 어떤 날은 삼촌 친구들이 퉁가리 옆에 옹기종기 모여 앉아 이야기하면서 퉁가리에 구멍을 내어서 고구마를 꺼내어 깎아 먹었다. 여럿이서 깎아 먹다 보니 고구마가 줄어드는 줄도 모르고 먹었나 보다. 어느 날 고구마를 찌려고 퉁가리로 올라가서 꺼내려고 하니까 푹 내려가서 고구마가 잡히질 않아 꺼내지를 못했다.

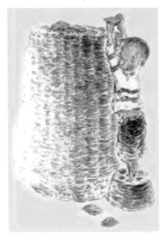

〈고구마 퉁가리〉, 사진 출처: 『고구마는 맛있어』, 도토리기획/양상용 그림 (보리)

"우리 먹을 것도 모자라는데, 삼촌 친구들 때문에 고구마가 다 없어졌네……."

울상을 지으니, 아버지께서 오셔서 깊숙이 있는 고구마를 꺼내 주시면서 한마디 불평도 없이 "우리가 아니어도 사람이 먹었으니 잘한 거겠지? 어차피 쥐도 먹고사는데……." 하시며 웃으시던 아버지! 지금은 안 계시지만 무척 그립다.

삼촌의 동네 친구들이 하던 이야기 중 무서워서 화장실도 못 갔던 이야기가 생각난다. 어떤 사람이 큰 잘못을 저질러 동네에서 회의를 해 손을 자르는 일이 생겼는데, 그로 인해 그 사람이 죽게 되었단다. 그 사람이 죽은 이후로 이상한 일이 생겼다. 화장실에 가서 앉으면 하얀 손이 올라와 내 손을 내놓으라고 한다는 것이다.

그러니 화장실에 가서 아래를 내려다보면 안 된다는 것이었다.

지금 생각해 보면 별것 아니었는데, 그때는 왜 그렇게 무서웠는지……. 한동안 화장실만 가면 화장실 아래쪽만 쳐다봤던 것 같다. 밤에는 아예 화장실을 가지도 못하고 참았던 생각에 웃음 지어 본다. 아마 나를 놀리려고 만든 이야기이지 않았나 싶다.

1960년대에는 경제적으로 어렵고, 무엇이든지 부족하고, 문화를 즐길 수 있는 것은 아무것도 없었던 시대였다. 불과 몇 십 년 만에 세상은 달라져도 너무 많이 달라졌다. 앞집에 누가 사는지, 무엇을 하는 사람인지 아무것도 모른다. 우연히 1년에 몇 번 마주치는 것이 전부다.

가족 간에도 친구 간에도 얼굴 마주하고 차 한잔 마실 시간이 없다. 어떤 모임에 갔을 때에도 조용해서 둘러보면 다들 핸드폰만 보고 있다. 무언가 급한 연락이 있을까 확인하기 때문일 것이다. 집에 가면 TV를 먼저 보게 되고, 아이들은 컴퓨터를 더 좋아하며, 불러서 얘기 좀 하자 해도 반가워하지 않는단다. 그러하니 어떻게 부모님 마음을 알겠는가? 자식 마음을 이해할 수 있겠는가?

얼굴을 마주하고 얘기도 하고 사랑하는 마음을 전하기도 하고,

기쁨도 슬픔도 힘든 것도 같이 얘기하고 공감하고 대화를 했을 때 가족이 있는 것이고, 좋아하는 친구가 있어 가슴속에 담고 느끼며 살아간다면 나 혼자가 아니라 가족이 있고 친구가 있어 세상은 외롭지 않고 힘들지 않다. 이들이 있기에 기쁨의 삶을 살아갈 수 있을 것이라고 생각한다.

3 내 인생의 동반자

빨리 가려면 혼자 가고,
멀리 가려면 함께 가라.

〈아프리카 속담〉

누구에게나 존경받던 사람

남편은 인물도 잘생기고 똑똑한 사람이었다. 군인들은 교육을 받아서 그런지 걸음도 차렷 자세로 반듯하게 걷고, 정직하고 올곧은 모습이었다. 남들 눈에도 남편이 멋지게 보였는지 나는 시집을 잘 갔다는 얘기를 많이 들었다. 친구들이 부러워하면서 남편 지인들을 소개해 달라는 부탁도 많이 받았다.

"얘들아, 우리 아버지 중대장이야."
"나는 아빠 닮을래."

자녀들은 장교인 아버지를 자랑스러워했고, 아버지 덕분에 어깨를 쭉 펴고 다녔다. 큰아들은 걸음걸이까지 아빠를 닮으려고 했다. 아빠가 뒷짐을 지고 걸으면 항상 따라서 뒷짐을 지고 걸었다. 그렇게 아빠를 대단한 사람으로 생각했다.

그런데 아무래도 남편은 군인이 천직이었나 보다. 사업이 잘 맞지 않았다. 사업의 규모를 늘려야 할 타이밍에서는 과감히 투자도 해야 하는데 번 돈을 그냥 가지고만 있었다. 투자의 위험을 지나치게 걱정했고 내 손에서 벗어난 돈은 내 것이 아니라고 생각했다.

나와는 정반대의 생각을 갖고 있어서 심적으로 많이 부딪쳤다. 하지만 나는 남편과 큰소리 내서 싸우지는 않았고, 대신 사업에 대한 투자를 해야 한다고 분명한 확신이 서면 돈을 빌려서라도 일을 추진했다. 그리고 반드시 투자에 대한 결과물을 만들어 냈다.

"저 사람은 사업가가 아니야."

사람들은 아무 생각 없이 너무 쉽게 이런 말들을 흘렸다. 내가 사업에서 성과를 낼수록 남편은 점점 더 위축되었다. 기를 살려 주기 위해 남편이 하는 일을 지지하고 잔소리하지 않고 존경을 표현했는데도 남편은 점점 작아졌다. 그 모습이 얼마나 가슴 아픈지 모른다.

부처의 마음을 가진 내 인생의 동반자

사업을 하다 보면 상대방의 모습과 마음을 읽을 줄 알아야 하는데, 남편은 만나는 고객들을 의심하기보다는 좋은 면을 더 많이 보는 착한 사람이었다. 그런데 나는 반대로 생각했다. 말을 많이 하고 잘하는 사람일수록 신뢰를 하기 힘든 사람이 많다고 생각했다. 남편이 만나고 온 고객들을 내가 전화를 해서 이야기를 나누고 직접 찾아가서 만나 보면 남편이 평가한 것과 전혀 다른 경우가 있었다. 말하는 것과 실제 가서 본 모습이 다른 경우도 있었다. 남편은 상대방을 믿고 일을 추진했다가 잘못되는 일이 생기면 자신감을 잃었다. 그럴 때마다 나는 이렇게 위로했다.

"당신은 부처의 마음을 갖고 있어서 사람들이 부처님처럼 다 좋아 보이는 거예요. 나는 나쁜 마음을 갖고 있어서 남의 말이 다 나쁘게 들리는 거고요. 당신이 더 좋은 거예요."

사실 나는 남편과는 비교도 안 될 만큼 작은 사람이다. 남편이 곁에서 버팀목이 되어 주었기 때문에 천일석재를 이끌어 올 수 있었다. 내가 밖에서 영업을 할 때 남편은 든든하게 공장의 여러 가지 복잡한 일들을 맡아 주고 있다. 청소부터 장비 손질까지 완벽하게 한다. 그래서 우리 장비는 20년을 사용해도 엔진이 부서지거나 교체한 적이 없다.

지금의 천일석재는 남편과 함께했기 때문에 이뤄진 것이다. 나 혼자 이룬 것이 하나도 없다. 지금까지도 그리고 앞으로도 내 인생의 동반자이면서 사업의 파트너인 남편이 있어서 나는 행복하다.

4 가슴에 묻은 한 사람

가족들이 서로 맺어져 하나가 되어 있다는 것이
정말 이 세상에서의 유일한 행복이다.

〈퀴리 부인〉

모두에게 기쁨이었던 아들

우리 시댁에는 크고 넓은 종중 땅에 큰 제실이 있었다. 대단한 박 씨 문중이었는지 3월 삼진날이면 큰 제사를 지내고 집안 어르신들이 회의를 하곤 하셨다. 그때 시아버님께서는 종중 회장님이셨다. 종중산에 돌산이 있어 그 인연으로 공장을 하게 된 것이다.

그 시절에는 딸보다 아들을 선호했었다. 종중 회의에 참석할 수 있는 권한은 남자에게만 있었던 시대였다. 그런데 우리 시댁 동서들은 딸이 많았다. 그래서 시할아버지께서는 "박 씨 집안 딸 모를 부었냐?"는 말씀을 하시곤 하셨다. 그런 집안에서 나는 아들을 둘

낳아서 시할아버지의 사랑을 유난히 많이 받았다.

남편 친구들과 식사를 하러 시외로 나갔을 때의 일이다. 누군가 가 줬다고 하면서 큰아들이 돈 천 원짜리 한 장을 가지고 왔다. "누 가 줬어?" 하고 물어보니 옆에서 어떤 분이 웃고 계셨다. 애기가 와 서 자동차 번호를 읽고 있어서 똑똑하다고 칭찬을 하시면서 주셨다 는 것이다.

아들은 책만 보면 그림을 보면서도 이야기를 제법 맞게 꾸며서 읽곤 했었다. 그래서 동네 사람들이 천재라고 부르기도 했었다.

뜻밖의 사고로 아들을 잃다

그때는 공장을 짓고 물을 가두어 두어야 할 통이 마땅치 않아서 콘크리트로 수조를 만들어 사용했었다. 수조에는 물이 항상 가득 고여 있었는데, 높이가 1m 정도밖에 되지 않아 위험할 거라고 생 각하지 못했다. 그런데 뜻밖에도 사고가 났다.

6월 6일. 여느 날처럼 식사를 조금씩 하시는 시아버님을 위해 집에 내려가서 간단한 간식을 만들어 드렸다. 그리고 우리 아이들 이 좋아하는 빨갛게 익어가는 앵두를 한 움큼 따서 가져다줄 생각에 기쁜 마음으로 돌아섰다. 그런데 옆집 아주머니가 숨찬 소리로 "새댁, 아이가 물통에 빠졌어." 하고 소리쳤다. 설마 그 물통일 거라는 생각은 하지 못하고 도대체 어디에 빠졌다는 건지 알 수 없었고, 머릿속이 하얗게 될 뿐이었다.

앵두가 들어 있는 봉투를 내동댕이치고 단걸음에 달려가 아이를 건져 내었는데 그곳은 위험하지 않을 거라 생각했던 수조였다. 어른들의 높이에서만 바라봤던 그 물통이었다. 아이는 파랗게 변해 있었고 이미 숨은 쉬지 않고 있었다. 인공호흡을 하면서 병원까지 가 보았지만 어찌할 방법이 없었다. 그때 아들은 세 살이었다.

남은 가족을 위해 용기를 내다

아이가 내 곁에 없고 다시는 볼 수 없다고 생각하니 하늘이 무너지고 땅이 꺼지는 슬픔을 어떻게 말로 표현할 수 있을까……. 그때 나에게 필요한 것은 아무 것도 없었다. 오직 나에겐 그 아이에 대한 그리움뿐이었다.

나의 표정만 지켜보는 어린 딸아이와 또 다른 아들의 눈망울이 애처로워, 남은 가족을 위해서라도 내가 생각을 바꾸어야만 했다. 그래서 얻은 아들이 막내아들 정현이다. 하나님이 도와주신 걸까? 잘 웃고 귀여움이 넘치는 막내아들로 인해 떠나보낸 아들에 대한 슬픔은 조금씩 가셨다.

"부모는 먼저 간 자식을 가슴에 묻는다."는 말이 있다. 지금도 잊을 수는 없다. 그래서 매일 밤 잠자기 전에 그 아이를 위해 기도한다.

가족이란 내 몸의 일부분이다. 그런데 요즈음 시대에는 부모가 자식을 살해하고 자식이 부모에게 해를 끼친다. 그런 안타까운 사연을 접할 때마다 생각해 본다. 서로가 서로에 대한 사랑이 부족해서일 것이라고 말하고 싶다. 나는 우리 아이들에게 맛있는 것을 해 주고 예쁜 옷을 사서 입혀 줄 때 가장 행복하다. 아마 세상 모든 엄마들은 다 그럴 것이라 생각한다. 언제나 가족들이 건강하고 우리 가정에 평화와 행복이 가득하기를 빌어 본다.

5 사업가 엄마의 사랑 표현

이 세상에 태어나 우리가 경험하는 가장 멋진 일은
가족의 사랑을 배우는 것이다.

〈조지 맥도날드〉

염소젖, 엄마의 사랑

시아버지께서 석재 공장을 운영하라고 하셔서 첫째 아이를 낳고부터는 시골로 내려와서 살았다. 남편이 군대에 있을 때는 월급이 꼬박꼬박 나와서 넘치지는 않아도 부족함 없이 지낼 수가 있었다. 그런데 공장이 처음부터 잘 돌아가는 것이 아니었기 때문에 경제적으로 어려워졌다.

힘들어도 다른 것은 그런대로 견딜 만했는데, 아이들을 잘 먹이지 못하는 게 큰 걱정이었다. 내가 모유 양이 적어서 아이들에게 분유를 사서 먹여야 했는데 사정이 여의치 않았다. 좋은 것을 아이들에게 먹이고 싶었지만 처한 상황이 좀 슬펐다.

 그래도 안 되겠다 싶어 오랜 궁리 끝에 반지 하나를 팔아 시장
에 가서 염소 한 마리를 사 가지고 왔다. 집에서 염소를 직접 키워
서 젖을 짜고, 끓이고, 식히면 아이들에게 우유를 실컷 먹일 수 있
을 것이라고 생각해서였다. 고맙게도 염소 한 마리가 우리 아이들
의 훌륭한 영양 공급원이 되어 주었다.

 염소젖을 가스에 끓여서 식혀 놨다가 너무 늦지 않도록 오후가
지나기 전에 아이들에게 먹이곤 했었다. 냉장고에 넣어 두면 며칠
씩 보관해서 먹일 수 있었겠지만, 그때만 해도 각 가정에 냉장고가
거의 없었다. 김치를 두레박에 담아서 우물 속에 넣어 뒀다가 먹

던 시대였기 때문이다. 매일같이 염소젖을 짜서 아이들에게 먹이는 과정은 손이 많이 가고 귀찮은 일이었지만, 그때는 내가 힘든 것보다 아이들 입에 뭔가를 넣어 주는 것이 그렇게 기쁠 수가 없었다.

음식을 잘 못해서 TV를 보면서 요리법을 배워 재료를 사다가 집에서 만들어서 주기도 했다. 이렇게 아이들에게 사랑을 주는 것을 최우선으로 삼았다. 아이들은 지금도 음식점을 갈 때 엄마 음식 맛과 비슷한 곳을 찾아간다. 그리고 먹고 와서는 이렇게 이야기를 한다.

"엄마가 그때 만들어 주셨던 두부 과자가 백화점에서 파는 거랑 맛이 똑같아요."

엄마의 손맛은 아이들 마음에 오래 간직되나 보다.

호랑이 엄마의 사랑 표현

아이들이 어렸을 때는 곁에서 엄마의 손길을 주면서 키웠지만 그렇다고 엉덩이를 토닥토닥 두드리면서 공주처럼 왕자처럼 떠받들며 자녀들을 키우지는 않았다. 오히려 나는 조금 엄한 엄마에 속했다.

"식당에 가서 떠들면 안 된다."

이렇게 말을 하면 절대로 떠들지 않았다. 조용하라고 두 번도 얘기할 필요가 없었다.

'우리 엄마는 그냥 있을 때는 호랑이보다 무섭지만 웃을 때는 천사 같다.'

오죽하면 아이들이 일기장에 이렇게 표현을 했을까! 항상 매를 든 것은 아니었는데도 아이들이 엄마를 무서워 한다는 것을 일기장을 보고 알게 되었다. 그래서 너무 엄한 엄마가 되지 않아야겠다고 다짐하고, 그때부터는 아이들을 부를 때 "예쁜 아들, 예쁜 딸"로 다정하게 부르기 시작했다.

며칠 전이 딸의 생일이었다. 딸의 생일을 축하해 주면서 "나의 딸로 태어나 주어서 고맙고, 예쁘게 자라주어서 고맙고, 나를 기쁘게 해 주어서 고맙다."라는 글을 보내었다. 우리 아들이 군대에 있을 때에는 군복 입은 젊은이는 모두가 내 아들처럼 보였다. 내 가족이 아니어도 아이들을 볼 때마다 모두가 예쁘고 사랑스러운 걸 보면 나도 늙어 가고 있나 보다.

아이들과 밤새워 이야기꽃을 피우다

때로는 아이들과 이야기를 하다 보면 새벽 2~3시가 훌쩍 넘기도 했다. 내가 이야기를 하면 아이들이 그렇게 재미있어 했다. 아이들은 사춘기에 접어들고 어른이 되어서도 엄마와 이야기를 많이 했다.

큰아들이 졸업하고 서울에서 시험공부를 할 때의 일이다. 힘들어 할 때 마음은 당장 달려가서 안아 주고 위로해 주고 싶었지만, 그럴 수 없어서 대신 전화 통화를 오래했다. 한번은 저녁 10시부터 새벽 3시까지, 5시간을 통화했다. 그랬더니 다음날 아들 친구들이 물어봤다고 한다.

"너 애인 생겼냐? 왜 그렇게 밤새 통화 중이야?"
"우리 엄마랑 통화했는데?"
"세상에 너 같은 놈 처음 봤다. 무슨 엄마하고 다섯 시간을 통화하냐?"

어른이 된 자녀들과 지금도 이야기를 많이 하고 통할 수 있는 비결은 다른 것이 없다. 아이들이 성장할 때 사업을 하느라 바쁘더라도 함께한 시간이 많았기 때문이다.

내 삶의 우선순위는 '가족'

가족은 사업보다도 돈보다도 늘 나의 우선순위였다. 그래서 아이들이 고등학교를 졸업할 때까지는 사업을 하면서도 모임에 하나도 참석하지 않았다. 퇴근을 하면 집으로 가서 아이들과 함께했다.

요즘 사업하는 분들이 바빠서 가족들과 시간을 보내지 못한다는 얘기를 들어 보면 안타깝다. 함께 시간을 보내야 할 때 부모가 자녀들과 함께하지 않으면 커서는 관계가 더욱 멀어진다. 지금도 우리 아이들은 중요한 결정을 내려야 할 때 항상 엄마의 조언을 구한다. 넓은 시각에서 내 의견을 얘기해 주지만 결정은 자녀들이 직접 내리게 한다.

가정이 행복했기 때문에 사업을 할 때도 더 힘이 났다. 사업을 하는 많은 분들께서 가장 중요한 가족을 삶의 우선순위로 삼고 일할 수 있기를 바란다.

6 절약과 투자의 혜안

좋은 항아리가 있으면 아낌없이 사용하라.
내일이면 깨질지도 모른다.

〈탈무드〉

자동차를 좋아하는 남편

남편은 결혼 초에 장교 생활을 할 때부터 중대장을 할 때까지 오토바이를 타고 다녔다. 남편이 퇴근할 때 오토바이에 아이스크림을 달고 오면 무척 행복했던 기억이 난다.

중대장을 할 무렵이다. 출퇴근을 할 때 비가 오는 날은 비옷을 입어도 남편의 무릎이 다 젖어 있었다. 한나절이 지나야 젖은 무릎이 마른다는 얘기를 들으니까 맘이 좋지 않았다. 그래서 아주 싼 차를 구입하기로 결정했다.

80년대 초에 100만 원에 중고차를 하나 샀는데, 4년을 타고 120만 원을 받고 팔았다. 중고차를 살 때보다 더 비싸게 팔았으니 남편이 얼마나 차를 애지중지했는지 짐작이 될 것이다. 닦고, 손질하고, 조금만 고장 나도 고치니까 주위 사람들이 우리 남편 차는 돈을 더 주고 사도 아깝지 않겠다고 말할 정도였다.

그러다가 공장이 활발하게 돌아갈 즈음 새 차를 샀다. 서울을 갔는데 짙은 녹색 그랜저가 외제차처럼 웅장하고 멋있어 보였다. 남편과 나는 서로 마음에 드는 짙은 녹색 뉴그랜저로 차를 선택했다.

먼지 하나도 용납이 안 되는 비싼 자동차

그런데 남편은 차를 타지 않고 반짝반짝 닦아서 세워 놓기만 했다. 게다가 나는 남편의 차를 탈 때는 발을 들고 타야만 했다. 발자국이 남는다는 이유로 한 시간 차를 타고 가면 두 시간은 혼이 났다. 돌 일을 하기 때문에 차에 타면 발자국이 안 날 수가 없는데

도 말이다. 나중에는 혼나기 싫어서 신문지를 들고 타기도 했다.

남편은 어느 날부터는 BMW와 벤츠만 봐도 감탄을 했다. 그 차를 갖는 게 큰 소망이 되었다. 좋은 집도 필요 없고 차가 최고인 사람이어서 결국엔 BMW를 샀다. 그런데 아까워서 한 달에 한 번도 안 타려고 했다. 차를 너무 안 타니까 비싼 배터리를 1년도 안 가서 갈아야 했고, 오일도 마찬가지로 안 갈아도 되는 걸 교체하고서는 차를 타지도 않았다.

그때 당시에는 외제차라서 보험도 안 들어주고, 자동차 세금도 비싸게 내야 했다. 나는 이런 차는 줘도 타고 싶지 않았다. 고급차를 타면서 돈도 안 쓰고 폼만 잡고 다니면 사람들이 꼴불견이라고 생각할 것 같았기 때문이다.

절약과 투자의 적절한 타이밍

차가 14년이 되었어도 자동차 시트에서는 여전히 가죽 냄새가 났다. 너무 타지 않아서 부속품들이 다 썩었다고 말한다. 설상가상으로 수리비 견적만 900만 원이 나왔다. 수리 업체에서는 시장에 내놓으면 몇 푼 받지 못하고, 앞으로 어떻게 고장이 날지도 모른다고 했다. 결국 나는 남편을 설득해서 비싸게 샀던 자동차를

60만 원에 폐차 처리했다.

　폐차하는 곳에서도 차가 아주 새 차 같아서 너무 아깝다고 했다. 그러나 과감하게 없앴다. 앞으로 나가야 할 세금, 보험, 수리비를 따지면 돈 벌기도 힘든데 그 돈이면 차라리 불우한 사람을 주는 게 낫다고 생각했다. 수리비에 조금만 더하면 자동차 한 대를 살 수 있기 때문이다.

　사업을 할 때도 마찬가지다. 절약하고 아끼는 것이 나쁜 것은 아니지만, 절약이 지나치면 낭비를 넘어서 오히려 큰 손실로 돌아온다. 공장의 새로 산 기계가 아까워서 자주 돌리지 않고 세워 두면 오히려 기계의 성능이 떨어지는 것과 같다.

　세상사 아끼는 것이 능사가 아니다. 과감히 투자할 필요도 있다. 투자비를 지출로 생각하고 투자할 타이밍을 놓치면 더 큰 기회를 놓치게 된다. 투자는 지출이 아니다. 사업은 타이밍이다. 정확한 타이밍에 적절한 곳에 투자를 할 수 있는 혜안이 CEO에게는 필요하다.

7 모자가 많은 여자

당신만이 느끼고 있지 못할 뿐…
당신은 매우 특별한 사람입니다.

〈데스몬드 투투〉

머리카락이 고민인 나

늘 깔끔하게 정돈된 머리 모양을 하고 있기 때문에 사람들은 잘
모르지만 나는 늘 헤어스타일이 고민이다. 머리카락이 새털 같은
데다, 숱이 없고 힘이 없어서 손질이 잘 안 된다. 머리를 빗으면 부
스스해지고, 파마를 하지 않으면 머리카락이 달라붙어서 머리가
있는 건지 없는 건지 모를 정도다. 여행을 가도 사람들이 머리를
착착 빗고 숙소를 나가는 모습을 보면 그렇게 부러울 수가 없다.

젊었을 때는 머리카락에 힘이 좀 있어서 직접 손질을 했는데 지
금은 그게 잘 안 돼서 매번 미장원을 다닌다. 미장원은 60 평생 살

면서 딱 세 번 바꿨다. 시집 와서 함열에서 살 때 10년 넘게 한 미장원을 다녔고, 두 번째 이사 간 곳에서는 5~6년을 한 곳만 다녔다. 지금은 세 번째 미장원을 20년 넘게 다니고 있다. 맘에 들면 쉽게 바꾸지 않는 것도 나의 성격이다.

전에 살던 곳에 있는 미장원에 지금도 다니고 있다. 준도시인데도 승용차로 20분 정도 걸린다. 그곳 미장원에 15년 동안 다니고 있다. 그 미장원은 2층에 있기 때문에 계단을 올라가서 화장실 옆을 지나 컴컴한 골목길처럼 생긴 곳을 통과해 들어간다. 안에 들어서면 겨울인지 여름인지 비가 오는지 눈이 오는지 알 수 없다. 그런데 머리를 해 주는 것이 어느 곳보다 내 마음에 든다. 새털처럼 힘도 없고 가는 내 머리카락을 힘이 있고 숱도 많아 보이고, 굵어 보이게 꾸며 놓는다.

이곳에서는 이렇게 해라, 저렇게 해라, 잘못되었다 하면서 짜증을 내는 손님을 한 번도 본 적이 없다. 그만큼 실력도 좋지만 가격도 싸다. 그래서 모두가 단골손님이다. 거기에다 드라이를 하면 커트는 공짜다. 파마 후 드라이도 공짜다. 대부분 믿지 않는 친구들이 많다. 같이 와 보고서야 믿는다.

원장님이 40대인데도 착하고 욕심이 없는 사람이다. 그러다 보니 사람이 밀려서 몇 시간씩 기다려야 하는 일도 다반사다. 기다리다 바쁘면 누가 말하지 않아도 다시 온다. 오전 9시 전에는 1분만 빨리 전화를 해도 받지 않는다. 오후에는 6시가 넘으면 손님도 안 받는다. 그렇게 할 수 있는 원장님이 참 부럽다. 나는 아침 일찍 8시 30분에 가겠다고 전날 미리 예약을 해 놓는다. 그래야 문을 열어 놓고 받아 주기 때문이다. 욕심을 버리고 싸게 해 준다면 어떤 장사도 문전성시를 이룰 것이라고 생각하게 하는 곳이다.

모자로 자신감을 찾다

사업을 하다 보면 아침 일찍부터 바쁠 때가 많다. 멋진 헤어스타일을 만들기 위해 드라이를 하거나 가발을 써 보기도 한다. 때로는 모자도 쓰는데 나는 모자가 30개 정도 있다. 그만큼 모자를 좋아한다.

일본에 갔을 때의 일이다. TV에서 일본 황태자비가 모자를 쓰고 나오면 참 예뻤던 기억이 나서 늘 똑같은 모자를 써 보고 싶었다. 그래서 일본 말을 잘 못하지만 택시 기사님께 동경에서 제일 좋은 모자 집으로 데려다 달라고 부탁했다. 내가 정말 사고 싶었던 황태자비 모자를 발견했고, 5만 엔을 주고 구입해서 돌아오는데 그렇게 뿌듯할 수가 없었다. 아쉽게도 그 모자를 쓰면 사람들

이 한마디씩 해서 부담스러운 마음에 꼭 필요한 장소가 아니면 많이 쓰고 다니지를 못했다. 지금은 잘 쓰지 못하고 모셔 놓고 있다.

한번은 사진관에 갔다. 사진사가 내가 모자를 쓴 모습을 찍어서 벽에 걸어 놓고 싶다고 말을 했다. 그래서 사진 모델을 서 본 적도 있다.

외국에 가서도 특색 있는 모자가 있으면 사 오고는 했다. 작년에 사위가 유럽을 데리고 갔는데 그곳에서 예쁜 모자를 찾았다. 모자를 사려고 아침 일찍 가게에 갔는데 9시가 넘도록 문을 열지 않았다. 애가 탔다. 계속 모자 가게 앞에서 서성이는 내 모습을 사위가 사진을 찍어서 '모자 사고 싶어 하는 우리 장모님'이라고 제목을 달아 앨범을 만들기도 했다. 이렇게 모자와 관계된 재밌는 일화들이 많다.

콤플렉스를 긍정적인 눈으로 바라보라

모자를 좋아하기는 하지만 도지사님을 비롯한 기관장들과 함께하는 모임이나 어른들이 있는 중요한 자리에서 나는 모자를 좋아해도 잘 쓰지 않는다. 모자도 예절의 한 부분이기 때문에 조심스럽게 장소를 선택한다. 멋져 보이는 것도 좋지만 튀는 것은 오히려 해가 되기 때문이다. 그래서 편안한 사람들, 젊은 사람들이 있는 자리에만 쓰고 간다.

지금도 모자를 쓰면 사람들이 확실히 더 젊게 본다. 모자 덕분에 이마에 주름이 가려지기 때문이다. 그리고 CEO들이 모자를 쓰고 다니는 모습을 흔히 볼 수 있는 것은 아니어서 사람들이 나를 한 번 만나면 잘 기억한다.

콤플렉스를 인정하고 개선하기 위해 노력하다 보면 자신의 새로운 모습을 발견할 수 있다. 내가 머리카락으로 인해서 늘 헤어스타일에 신경을 쓰다 보니, 모자 좋아하는 멋쟁이 사업가로 사람들에게 인식되었듯이 말이다. 모자를 좋아하는 내 모습은 나의 콤플렉스가 만들어 준 새로운 모습이다. 자신의 콤플렉스를 바라보는 시선도 바꿀 필요가 있다.

8 편지, 가족의 사랑

가정에서 마음이 평화로우면
어느 마을에 가서도
축제처럼 즐거운 일들을 발견한다.

〈인도 속담〉

도시락 편지

아이들을 기르다 보면 혼내고 싶지 않아도 혼내야 할 때가 있다. 그렇지만 반드시 꾸중을 하고 나면 아이들의 마음을 어루만져 줘야 한다. 나는 그것을 편지로 대신했다. 아침에 아이들 도시락에 편지를 써서 넣어 보내면, 학교에서 점심시간에 엄마의 편지를 읽게 된다. 바쁘면 짧게 2~3줄이라도 써서 아이들에 대한 사랑의 마음을 담았다. 편지의 마지막은 항상 '사랑하는 아들에게, 딸에게'로 매듭을 했다. 그러면 아이들은 저녁에 엄마 손을 슬그머니 잡으면서 "엄마, 죄송했어요."라고 말을 건넨다. 이렇게 화해가 된다.

나는 가끔 외롭거나 힘들 때도 아이들에게 편지를 썼다. 그러면 아이들은 '우리 엄마가 외로우시구나!' 생각하고, 다가와 위로를 해 줬다.

"엄마는 편지 쓰는 것을 좋아해서 나중에 책을 써야겠어요."

아무리 바빠도 틈틈이 편지를 써 주는 엄마를 보고 딸아이는 책을 써 보라고 했는데, 그 말이 힘이 되어서 이렇게 책을 썼는지도 모르겠다.

아이들은 나의 에너지

내가 아이들에게 썼던 편지는 아마 아이들 마음속에 남아 있으리라 생각한다. 나는 아이들이 써 준 편지들을 소중히 간직하고 있다. 지치고 힘들 때마다 그 편지들을 읽으면서 힘을 얻는다. 세 자녀 중 막내인 정현이의 편지를 다시 꺼내어 본다.

부모님께

겨울이란 녀석이 한 걸음 더욱 다가온 듯 매서운 추위가 기승을 부리는 가운데, 아버지 어머니 건강은 어떠신지요? 항상 힘든 일을 하시

면서도 힘든 기색을 보이시면 저희가 걱정할 것 같아서 밝은 모습을 잃지 않으셨던 어머니의 미소가 아직도 저의 기억 속에 생생합니다.

손을 뻗으면 닿을 것 같은 부모님이 지금은 멀리 계셔서 이렇게 편지와 전화로 소식을 주고받아서 가슴이 아프지만, 떨어져 있음으로써 가족의 소중함을 더욱 느낍니다. 부모님께 이렇게 편지 쓰는 시간을 얻어서 쓸 수 있는 게 왠지 모르게 행복합니다!

일단은 아버지께 몇 글자 적겠습니다.

사회에 있을 때에도 항상 아버지께서 그러셨지요.

"너는 군대 가서 정신 차리고 와야 한다."

아버지께서 3사관학교를 나와 장교로 계셔서 군대에 대해서 잘 아셨기 때문에 그런 말씀을 하셨던 것 같습니다. 직접 군대에 와서 제가 경험하고 느껴 보니 정말 아버지의 말씀이 새로이 가슴에 새겨집니다. 아버지가 하시던 잔소리가 이제는 그리울 정도니까요!

여기 와서 느낀 것이지만 아버지가 존경스럽고 훌륭하게 생각됩니다. 신교대 때 중대장을 보면서, 이곳 포대장님을 보면서 '배울 점이 많구나.' 하는 생각이 들면서 한편으로는 우리 아버지도 인자함과 군인다운 카리스마를 보여 주셨을 거란 생각에 제 가슴은 뿌듯했답니다. 저의 머리와 가슴속에 있는 아버지는 늘 젊고 패기 있는 모습입니다. 아버지 사랑합니다!

이제 어머니께 몇 글자 적어 보겠습니다.

어머니……. 이상하게 아직까지도 어머니란 말보다는 엄마라는 말이 더욱 쓰고 싶습니다. 지금도 엄마는 바쁘게 돌아다니시면서 힘들게 일하시겠지요? 남자들도 하기 힘든 일을 엄마가 하시는 모습을 보면 배울 점도 많고, 존경스럽습니다. 여기에서 힘들고 어려운 일이 있어도 엄마를 생각하고 아버지를 생각하면 이 정도는 힘든 일도 아니란 생각이 들 정도입니다. 그만큼 아버지와 엄마가 존경스럽답니다.

항상 엄마가 걱정하셨지요? 훌륭한 어머니가 되지는 못해도 저희에게 떳떳한 어머니가 되고 싶다고요. 저희는 그 어떤 어머니들보다 우리 엄마가 가장 훌륭하고 현명하다고 생각합니다. 그렇게 힘든 일을 하시면서도 저희 뒷바라지와 교육에 열의를 다 하시던 모습……. 최고의 어머니상이면서 최고의 아내상인 것 같습니다.

엄마……. 제가 가끔 전화했을 때 힘없는 목소리를 들려주어서 많이 걱정하시는 것 같은데 너무 걱정하지 않으셔도 됩니다. 제 동기들도 그렇고 처음에는 다 힘들고 어려워하지만 이 힘들고 어려운 일을 견딜 줄 알아야 사나이이고, 아버지와 엄마의 아들로서 자격이 있다고 생각합니다.

항상 어렵고 고된 일을 하시면서도 저희 걱정하시는 부모님……. 늦게나마 부모님의 마음을 알게 되었습니다. 늦었다고 생각할 때가 빠르다고 하지요? 나중에 전역하고 지금까지 하지 못했던 효도를 하겠습니다. 부모님 사랑합니다. 항상 건강하시고 휴가 때 뵙겠습니다.

2004년 12월 14일
막내 정현이가

9 천의 얼굴을 가진 여자

좋은 첫인상을 남길 수 있는 기회란
결코 두 번 다시 오지 않는다.

〈시오도어 루빈〉

고객을 만나기 전에는 꼭 외모 점검을

나는 항상 아침에 스케줄을 보고 누구를 만나느냐에 따라서 옷과 화장 그리고 스타일을 다듬는다. 주로 만나는 고객의 연령에 따라 모습에 변화를 준다.

70대 어른을 만났을 때는 목소리를 좀 더 여성스럽게 한다. 내 목소리가 좀 허스키한 편이어서 애교스럽게 내려고 노력한다. 옷은 어른들이 봤을 때 점잖아 보이는 정장 스타일을 선택하고, 모자를 쓰지 않고 헤어스타일을 손본다. 이렇게 몸차림이 준비가 되면 어른들 앞에서 자동으로 행동이 공손해진다.

집 근처에 미용실이 세 개나 있지만 15~20분 정도 차를 타고 20년을 다닌 단골 미용실로 간다. 예쁘고 화려한 헤어스타일보다는 내가 빗은 것처럼 다소곳하게 해 주는 곳이다. 머리까지 손질이 끝나면 손님을 만나러 간다. 이렇게 나를 꾸미는 일에 신경을 쓰는 이유는 고객들이 나를 만났을 때 편안함을 느껴서 좀 더 대화하고 싶도록 만들고 싶기 때문이다.

60대 고객을 만날 때는 더 젊고, 밝은 분위기의 옷을 입는다. 40대 고객을 만날 때는 그분들이 나보다 어리기 때문에 훨씬 젊고 발랄한 느낌의 옷과 함께 모자를 선택한다. 모자를 썼을 때 나이가 드신 어른들은 좀 어색해 하신다. 그렇지만 젊은 층으로 갈수록 "멋지다." 또는 "잘 어울린다."고 칭찬을 해 준다.

천의 얼굴을 가진 여자

"청바지에 티셔츠를 입으셨네요? 멋지네요!"

때로는 이런 말을 들을 때도 있다. 젊은 사람들과 있을 때 나이 차를 줄이고 친근하게 보이도록 스타일링을 하기 때문이다. 모자는 더 젊어 보이는 것을 선택한다. 목소리는 젊은 사람과 통할 수 있도록 최대한 밝고 부드럽게 내려고 한다.

강한 이미지를 보여 줘야 할 때도 있다. 그럴 때는 얼굴 표정을 강하게 바꾸기도 한다. 웃어서 싫어할 사람은 없지만, 헤픈 웃음은 상대방에게 덜된 사람처럼 비춰질 수도 있기 때문이다.

'화가 나도 웃으면서 둥글둥글 넘어갈 수 없을까?' 화내지 않고 웃으면서 부드럽게 얘기해서 싫어하는 사람은 없으리라 생각하면서도, 상대가 나의 기분을 몹시 상하게 하면 나도 모르게 그런 이미지로 변하기도 한다. 나에게 유머러스한 부분이 있다면 상대방이 아무리 딱딱하게 대해도 부드럽게 분위기를 녹일 수 있을 텐데 나는 그게 잘 안 된다. 죽을 때까지 생각하고 노력해야 할 것 같다.

우리 직원들은 나를 가리켜 '천의 얼굴'이라고 한다. 상대방이 나에게 다가올 때 가장 편안하게 이야기하고 싶은 마음이 들도록 항상 모습에서 변화를 주기 때문이다.

때로는 '천의 얼굴'이 아닌 나만의 모습으로 살고 싶기도 하지만, 아직까지는 많은 고객들을 만나면서 일을 하고 있기 때문에 천의 얼굴을 때에 따라 바꿔 가면서 살고 있다. 모든 분들과 편안하고 행복해지기 위해서 노력할 것이다.

돌에도 꽃이 핀다

어디에 가서 내 소개를 할 때면 항상 하는 말이 있다. "저는 석재 사업을 하는 강 사장입니다. 갖고 싶은 것은 무엇이든지 돌로 만들어 줄 수 있습니다." 남자한테는 "예쁜 여자를 만들어 드릴까요?" 하고, 여자한테는 "멋진 남자를 만들어 드릴까요?"라고 질문한다. 돌은 어떤 모습으로도 다시 탄생할 수 있다고 믿고, 그렇게 만들 수 있다고 자부하며 30년 동안 석재 일을 해 왔다.

돌은 땅에 묻혀 있을 때는 바윗덩어리에 지나지 않지만 석공의 정성스런 손길이 닿으면 꽃이 되고, 집이 되고, 사람이 되고, 짐승이 된다. 돌로 만들지 못하는 것이 없다. 이렇게 돌에 생명을 불어넣어서 새롭게 탄생하는 것을 나는 "돌에도 꽃이 핀다."라고 이야기한다. 석재 일을 하면서 돌에도 꽃이 피는 모습을 많이 봐 왔다.

나에게 돌은 금보다 가치 있는 것이다.

책을 쓰면서 그동안의 삶이 주마등처럼 스쳐 지나갔다. 나의 삶을 되돌아보는 귀한 시간이 되었으며, 자신감도 생겼고, 행복했다.

나의 생각과 철학을 많은 분들과 공유할 수 있기를 바라는 마음으로 이 책을 썼다. 더 멋지고 부드러운 말들을 사용했더라면 좋았겠지만 순수한 내 모습 그대로 썼고, 그래서 부족한 점이 많을 줄 안다. 그래도 많은 분들이 이해해 주고 박수를 보내 주셨으면 좋겠다.

책을 쓰는 과정에서 그동안 고마웠던 분들을 다시 기억할 수 있었다. 30대 여자가 돌 다루는 모습을 봤을 때 얼마나 아이 같아 보였겠는가? 그런데도 열심히 일하는 나를 늘 격려해 주신 일본 손님들에 대한 고마움을 잊을 수 없다. 이 책이 독자들에게 좋은 반응을 얻는다면 일본어로 번역을 해서 일본 손님들에게 보내 드리고 싶고, 그들에 대한 책도 쓰고 싶다.

석재 현장은 일이 힘해서 주로 힘을 쓰는 분들이 많은데, 여자라고 얕보지 않고 오히려 여자의 몸으로 힘든 일을 한다고 격려해 주시는 많은 분들이 있었다. 그분들 덕분에 현장에 직원들만 보냈을 때보다 내가 갔을 때, 일이 매끄럽게 잘 해결된 적이 많았다. 그리고 여자로 태어난 것을 행복하게 여기며 사업을 해 올 수 있었다. 거래처 손님들을 비롯하여 관공서 공무원들께도 감사의 인사를 전하고 싶다.

물건 하나에서부터 장비까지 회사의 모든 관리를 철저하게 해준 남편에게 감사하다. 남편 덕분에 내가 내부적인 일들을 걱정하지 않고 맘 편히 밖에 나가서 열심히 일을 할 수 있었다. 남편이 있어서 정말 행복하고, 더 맘 편히 책도 쓸 수 있었다. 나는 우리 남편을 사랑한다.

엄마가 책을 쓴다고 했을 때 핀잔을 주지 않고 진심으로 응원해준 사랑하는 딸 선희, 아들 정관이, 정현이에게도 고맙다고 말하고 싶다. 아이들은 나의 희망이고 모든 것이었다. 공장에 일이 없어서 힘들 때는 물을 먹고도 집에 와서는 고기를 먹은 것처럼 행동하면서 아이들에게 걱정을 주지 않으려고 노력했다. 내가 힘들어하면 우리 아이들까지 학교에 가서 기가 죽을 것 같아서 늘 잘되는 것처럼 말하고 행동했다. 사위에게도 고맙고 사랑한다고 말하고 싶다. 사위는 얼굴도 미남인데다가 지혜로움이 있어 그 자체만으로도 사랑스럽다.

사랑하는 친정어머니께도 감사 인사를 전하고 싶다. 늘 잘해 드리고 싶은데 맘처럼 더 많이 사랑해 드리지 못했던 것 같다. 내가 뭔가 잘했을 때는 항상 우리 어머니를 닮았다고 생각해 왔다. 그리고 항상 "든든한 우리 언니, 우리 누나가 있어서 든든하고 행복해요."라고 말해 주는 동생들에게 고맙다.

책을 쓸 때 힘이 되었던 '처음처럼' 회원들. 서로에게 격려와 관심을 보내 줘서 내가 책 쓰기에 용기를 얻을 수 있었다. 지적을 해 달라고 해도 항상 칭찬을 해 줬던 '처음처럼' 회원들 모두 파이팅했으면 좋겠다.

사업을 하면서 많은 사람을 만났고, 좋은 강의도 들어 보았지만 유길문 회장님만큼 내 인생을 특별하게 만들어 주신 분도 없다. 끊임없이 희망을 안고 달리다가 만난 유길문 회장님은 내 이야기에 경청해 주시고 꿈과 희망을 안겨 주셨다. 늘 "된다, 된다. 책 쓰기가 된다."를 외치셨던 유길문 회장님 덕분에 선뜻 나서기 힘든 책을 쓰게 되었다는 사실에 감사하며, 행복함이 밀려온다.

나는 이 책을 통해서 이루고 싶은 것들이 있다. 많은 사람들이 이 책을 통해서 석재에 대해서 알고, 이해했으면 하는 바람이 크다. 비단 천일석재뿐만 아니라 석재업에 대해서 이해하고 더 관심을 갖기를 바란다. 그래서 대를 이어 가면서 하고 있는 우리 석재 사업에 앞으로도 많은 발전이 있어서 돌에 대한 것만큼은 백제 시대를 연상할 수 있게끔 잘 이어지기를 바란다.

스피노자는 "내일 지구가 망할지라도 오늘 한 그루의 사과나무를 심겠다."는 말을 남겼다. 꿈과 희망이 없는 사람은 죽은 자와 다름이 없고, 무의미한 삶을 영위할 뿐이다. 그래서 죽는 날까지 변치 않을 꿈을 가슴에 품고 살아갈 것이다.

다른 나라에서 볼 수 없는 멋진 석제품들을 만들어서 많은 사람들에게 석재의 아름다움과 우수함을 알리는 게 내 삶의 마무리라고 생각한다. 그래서 지금도 가공 기계 등을 열심히 개발하고, 만들고 있다. 세상만사는 내 이익만 추구할 수는 없다. 다른 사람에게 이익을 주고 좋은 영향을 끼치려 할 때 우리의 삶도 더욱 풍요로워질 수 있음을 믿는다.

출간후기

열정이 우리의 삶을
이끄는 원동력입니다

권선복
도서출판 행복에너지 대표이사
한국정책학회 운영이사

　최근 들어 여성의 사회 진출이 활발해진 가운데 그 절정을 이룬 순간으로 제18대 대통령 선거에서 헌정 사상 최초로 여성 대통령이 탄생했던 장면이 기억납니다.

　우리나라는 오랜 기간 남성우월주의가 팽배해 있었기에 여성의 바깥 활동은 매우 부정적으로 인식되었던 것이 사실이었습니다. 특히 사업이라는 분야에서는 더욱 그런 경향이 강했다고 할 수 있습니다. 그 가운데서 거친 일은 남자들의 전유물이라고 생각하는 가부장적 문화에서 탈피한 지 그리 오래되지 않았습니다. 하지만 아직도 그러한 편견은 우리 사회 곳곳에 자리 잡고 있음을 보게 됩니다.

강현녀 저자는 바로 이것에 정면으로 맞서 끝내 성공을 이뤄낸 사업가입니다. 젊은 시절에 남성적인 문화가 매우 강한 석재산업을 시작하여 특히나 남성 특유의 문화가 견고하게 자리 잡고 있었던 사업 문화의 어려움을 이겨냈습니다. 여자가 살아남기 힘든 사업 분야에서 그녀는 오히려 여성 특유의 부드러움으로 성공을 이끌어냈던 것입니다. 그녀의 이러한 부단한 노력으로 성취한 행복은 사업을 꿈꾸는 모든 이들에게 큰 동기부여와 자극을 선사할 것입니다. 이 책『돌에도 꽃이 핀다』는 여성 경영자로서 특유의 부드러움과 결단력을 발휘하여 자신만의 행복을 성취한 인생 역정을 담아냈습니다. '정직과 신용'을 바탕으로 우수한 제품에 대한 고집은 「1백만 불 수출탑」과 「대통령 표창」을 수상하는 쾌거를 거두게 한 것입니다.

그러나 무엇보다 더 놀라운 것은 이렇게 바쁜 와중에도 고려대학교 명강사 최고위과정 4기를 수료하신 강현녀 저자님의 열정입니다! 더 좋은 글을 담기 위해 시간을 쪼개가며 정성을 들인 이 책이 천일석재 회사에 커다란 보탬이 되기를 간절하게 기원드리며 이 책이 바로 우리 모두의 마음에 열정을 불어넣는 도화선이 될 수 있기를 축원드리고, 독자분들의 삶에 선한 영향력이 전파되어 행복과 긍정의 에너지가 팡팡팡 샘솟으시기를 기원드립니다.

맛있는 삶의 레시피

이경서 지음 | 값 15,000원

책 『맛있는 삶의 레시피』는 암담한 현실을 이겨내게 하는 용기와 행복한 미래를 성취하게 하는 지혜를 독자에게 전한다. '맛있는 삶, 좋은 인간관계, 자신만의 꿈'이라는 커다란 주제 아래 마흔다섯 가지 에피소드를 다루고 있다. '행복한 삶은 무엇인가?'라는 화두를 독자들에게 던지고, 생생한 경험을 바탕으로 한 행복론幸福論을 온기 가득한 문장으로 풀어낸다.

넘어진 후에야 비로소 나를 본다

김세미 지음 | 값 15,000원

『넘어진 후에야 비로소 나를 본다』는 실패와 좌절 후에 부족한 점은 무엇이었는지 점검하고 다시 도전할 수 있도록 독자를 독려한다. 현재 한국이미지리더십 연구소 대표이며 국가위로회의 전문위원으로 활동 중인 저자가, 20여 년 사회생활 경력을 토대로 전하는 위기관리 및 자기경영 노하우가 책 곳곳에서 빛을 발하고 있다.

포기하지마 넌 최고가 될 거야

권기헌 지음 | 값 15,000원

책 『포기하지 마! 넌 최고가 될 거야』는 본격적으로 험난한 인생길에 접어든 젊은이들에게 전하는 '격려와 조언'을 담고 있다. '자아, 지식, 열중, 긍정, 소통, 창의, 감성, 꿈'이라는 주요 키워드를 중심으로, 어떻게 하면 자신이 원하는 인생을 살아갈 수 있는지에 대해 따뜻한 목소리로 자세히 설명하고 있다. 취업과 경제적 사정 때문에 늘 고민이 많은 우리 청년들이 이 책을 통해 자신감을 얻고 밝은 미래를 위한 청사진을 구축하기를 기대해 본다.

범죄의 탄생

박상융 조정아 지음 | 값 15,000원

책 『범죄의 탄생』은 경찰서장 출신 변호사와 교도관 출신 작가가 대담對談 형식으로 풀어나가는 '범죄의 발생 원인과 해법'을 담고 있다. 대한민국을 떠들썩하게 했던 주요 사건들을 종류별로 면밀히 분석해 낸다. 이를 통해 우리 사회의 흉측한 민낯을 통렬히 고발함은 물론 적절한 대응방안과 해결책을 제시한다.

잘나가는 공무원은 어떻게 다른가

이보규 지음 | 값 15,000원

책 『잘나가는 공무원은 어떻게 다른가』는 36년간의 공직생활을 바탕으로 한, 행정의 달인이 밝히는 공무원의 세계가 상세히 소개되어 있다. 저자는 말단 동사무소 9급 공무원으로 출발하여 고위직 서울시 한강사업본부장으로 정년퇴직했다. 9급 말단에서 1급 고위공무원으로 나아가는 과정을 경험을 토대로 세세히 기술하고 다양한 자기계발 소스들을 중간중간에 삽입하여 재미와 실용이라는 두 마리 토끼를 한꺼번에 잡아내었다.

엔지니어와 인문학

김방헌 지음 | 값 15,000원

책 『엔지니어와 인문학』은 평범한 삶 속에서도 반드시 얻게 되는 깨달음들을 에세이 형식으로 담고 있다. '삶은 무엇인가'라는 질문의 대답은 우리 일상 속에 있으며 우리 모두가 한 명의 위대한 철학자임을 다양한 에피소드를 통해 전한다. 인문학적 삶, 철학적 삶은 어려운 학문이나 연구가 아닌 우리의 일상 그 자체이며 아주 작은 사고의 전환만 있으면 얼마든지 일반 사람들도 향유할 수 있음을 이 책은 증명하고 있다.

가슴으로 피는 꽃

신영학, 위재천 지음 | 값 15,000원

책 『포기하지 마! 넌 최고가 될 거야』는 본격적으로 험난한 인생길에 접어든 젊은이들에게 전하는 '격려와 조언'을 담고 있다. '자아, 지식, 열중, 긍정, 소통, 창의, 감성, 꿈'이라는 주요 키워드를 중심으로, 어떻게 하면 자신이 원하는 인생을 살아갈 수 있는지에 대해 따뜻한 목소리로 자세히 설명하고 있다. 취업과 경제적 사정 때문에 늘 고민이 많은 우리 청년들이 이 책을 통해 자신감을 얻고 밝은 미래를 위한 청사진을 구축하기를 기대해 본다.

인생 네 멋대로 그려라

이원종 지음 | 값 15,000원

『인생 네 멋대로 그려라』는 리더를 꿈꾸는 젊은이들이 꿈과 성공을 향해 나아갈 수 있도록 이정표를 제시한다. 희망, 성공, 행복, 인생, 리더, 조직이라는 여섯 키워드를 중심으로 21세기 성공리더의 필요조건을 나열한다. 제4회 행정고시를 거쳐 서울시장과 충청북도지사 등 주요 행정직을 역임한 이원종 現 비서실장의 삶과 열정, 리더의 모습을 엿볼 수 있다.